Улыбка

Фёдор К. Сологуб

Содержание

Улыбка

I

В саду дачи Семибояриновых, по случаю именин одного из сыновей, Леши, гимназиста второго класса, собралось десятка полтора мальчиков и девочек разного возраста и несколько юношей и девиц. Лешины именины для того и справляли, чтобы лишний раз собрать молодых гостей для взрослых барышень, сестер именинника.

Все были веселы и улыбались, — и взрослые, и мальчики, и девочки, которые, играя, двигались по желтому песку подметенных дорожек, — улыбался и бледный некрасивый мальчик, что сидел одиноко на скамеечке под сиренью и молча глядел на своих сверстников. Его одиночество, молчаливость и поношенная, хотя чистенькая, одежда показывали, что он из бедной семьи и стесняется этим обществом нарядных бойких детей. Лицо у него было робкое, худенькое, и грудь такая впалая, и ручонки такие тощие; так смирно они лежали, что на него жаль было смотреть. А все-таки он улыбался, — но и улыбка его казалась жалкой: не то ему весело было смотреть на игры и на веселье, не то он боялся, чтобы не рассердить кого-нибудь своим скучным видом и плохим костюмом.

Его звали Гриша Игумнов. Отец его недавно умер; мать посылала иногда Гришу к своим богатым родственникам, где Гриша всегда чувствовал скуку и неловкость.

— Что ж ты один сидишь, — иди, побегай! — сказала ему мимоходом синеглазая барышня, Лидочка Семибояринова.

Гриша не смел не послушаться, — сердце его забилось от волнения, лицо покрылось мелкими капельками пота. Он боязливо подошел к веселым краснощеким мальчикам. Они посмотрели на него недружелюбно, как на чужого, — и Гриша сам почувствовал сейчас же, что он не такой, как они: не может говорить так смело и громко, и у него нет таких желтых башмаков и задвинутой на затылок круглой шапочки с мохнатой красной шишечкой, как у мальчугана, который стоял к нему всех ближе.

Мальчики продолжали говорить между собой по-прежнему, как будто бы здесь и не было Гриши. Гриша стоял возле них в неловкой позе, принагнул тонкие плечики, крепко

1

держался тоненькими пальцами за узенький кушачок и робко улыбался. Он не знал, как ему теперь быть, и от смущения едва слышал, что говорили бойкие мальчики.

Они окончили разговор и вдруг разбежались. Продолжая улыбаться все так же робко и виновато, Гриша неловко пошел по песчаной дорожке и опять сел на скамейку. Ему было стыдно, что вот он подходил к мальчикам, но ни с кем из них не заговорил, и ничего из этого не вышло. Усевшись, он робко осмотрелся, — никто не обращал на него внимания, никто не смеялся над ним. Гриша успокоился.

Но вот мимо него медленно прошли, обнявшись, две девочки. Под их пристальными взорами Гриша ежился, краснел, виновато улыбался.

Когда девочки прошли, одна из них, поменьше, светловолосая, громко спросила:

— Кто этот маленький уродец?

Другая, краснощекая, чернобровая, рослая девочка засмеялась и ответила:

— Я не знаю, — надо будет у Лидочки спросить. Верно, какой-нибудь бедный родственник.

— Какой смешной, — сказала маленькая блондиночка. — Уши расставил, сидит и улыбается.

Они скрылись за кустами на повороте дорожки, и Гриша перестал слышать их голоса. Ему было обидно и становилось страшно думать, что еще долго надо здесь пробыть и неизвестно, когда мама с ним пойдет домой.

Большеглазый, тоненький гимназист с упрямым хохолком, торчавшим над его крутым лбом, заметил, что Гриша один сидит сиротой, — и он захотел чем-нибудь приласкать и утешить мальчика и подсел к нему.

— Как тебя зовут? — спросил он. Гриша тихонько назвал свое имя.

— А меня зовут Митей, — сообщил маленький гимназист. — Что ж, ты здесь один или с кем-нибудь?

— С мамой, — шепнул Гриша.

— Отчего же ты тут один сидишь? — спросил Митя. Гриша беспокойно задвигался и не знал, что сказать.

— Отчего ты не играешь?

— Не хочу.

Митя недослышал и переспросил:

— Что ты говоришь?

— Мне не хочется, — сказал Гриша немного погромче. Гимназист удивился, спрашивал:

— Не хочется? Отчего же?

2

Гриша опять не знал, что сказать, и растерянно улыбнулся. Митя внимательно смотрел на него. Чужие взоры всегда приводили Гришу в смущение, — он словно боялся, что в его наружности найдут что-нибудь смешное.

Митя помолчал, придумывая, что бы еще спросить.

— Ты что собираешь? — спросил он. — Какие-нибудь предметы, понимаешь, коллекцию? Мы все собираем: я — марки. Катя Покрывалова — раковины, Леша — бабочек. А ты что собираешь?

— Ничего, — ответил Гриша, краснея.

— Как же ты так? — с простодушным удивлением говорил Митя. — Ничего не собираешь? Напрасно, это очень интересно!

Грише стало стыдно, что он ничего не собирает и что это обнаружилось.

"Надо собирать что-нибудь и мне!" — подумал он, но не решился сказать этого вслух.

Митя посидел немного и ушел. Гриша почувствовал облегчение. Но ему готовилось новое испытание.

По дорожкам сада гуляла нянька Семибояриновых с их младшим сыном, годовалым бутузом, на руках. Ей захотелось посидеть, и она выбрала для этого ту самую скамейку, где сидел Гриша. Ему опять стало неловко. Он глядел прямо перед собой и не решался даже отодвинуться от няньки на другой конец скамьи.

Внимание малютки скоро привлекли оттопыренные Гришины уши, и он потянулся к ним. Нянька, толстая, румяная баба, сообразила, что Гриша — безответный. Она поднесла своего бутуза к Грише, и розовый младенец ухватился пухлой ручонкой за Гришине ухо. Тот обомлел от смущения, но не решился сопротивляться. А ребенок, весело и звонко хохоча, то выпускал Гришине ухо, то опять хватался за него. Румяная нянька, забавляясь не менее младенца, повторяла:

— А вот мы его! А вот мы ему зададим!

Кто-то из мальчиков увидел и сказал другим, что маленький Жоржик развоевался с тихим мальчиком, который все сидит на скамеечке. Дети сбежались, окружили Жоржика и Гришу и шумно смеялись. Гриша старался показать, что ему ничего не больно и что ему тоже весело и забавно, что Жоржик его так хватает. Но ему становилось все труднее улыбаться и страшно хотелось заплакать. Он знал, что нельзя плакать, стыдно, и крепился.

К счастью, его скоро выручили. Синеглазая Лидочка, заслышавши необычайный смех и восклицания, пришла, увидела, в чем дело, и сказала:

— Няня, как вам не стыдно! Что вы делаете?

Ей и самой стало смешно глядеть на жалкое, сконфуженное Гришине лицо. Но, поддерживая перед нянькой и детьми свое достоинство взрослой барышни, она не засмеялась. Няня встала и сказала, посмеиваясь:

— Что ж, Жоржинька легонечко. Они сами ничего не говорят, им не больно.

— Пожалуйста, чтобы этого не было! — строго сказала Лидочка. Жоржик, недовольный тем, что его отняли от Гриши, поднял крик. Лидочка взяла его на руки и унесла подальше, утешить. Ушла за ней и нянька. А мальчики и девочки не ушли. Они толпились перед сидевшим на скамейке Гришей, бесцеремонно оглядывали его.

— У него, может быть, приставные уши, — соображал один из мальчиков, — потому ему и не больно.

— Ты, должно быть, любишь, когда тебя держат за уши? — спрашивал другой.

— Скажите, — спросила девочка с большими синими глазами, — вас ваша мама за какое ухо чаще держит?

— Это ему так на заказ уши вытянули, в мастерской, — кричал веселый мальчуган, звонко хохоча.

— Нет, — поправил другой, — он так и родился. Когда маленький был, его не за руку водили, а за ухо.

Гриша поглядывал на своих мучителей, как загнанный зверек, напряженно улыбался и вдруг, совсем неожиданно для веселой детворы, заплакал. Частые мелкие слезы закапали на его курточку. Дети сразу притихли. Им стало неловко. Они сконфуженно переглядывались и молча смотрели на то, как Гриша плакал, утирая лицо тоненькими руками и, очевидно, стыдясь своих слез.

— Туда же, обижаться, — сердито сказала русоволосая красавица Катя, — что ему сделали? Уродец!

— Вовсе он не урод, ты сама урод, — заступился Митя.

— Терпеть не могу, когда говорят грубости, — сказала Катя, досадливо краснея.

Маленькая смуглая девочка в красной юбочке смотрела долго на Гришу, хмуря брови, очевидно, размышляя о чем-то. Потом она обвела других детей недоумевающим взором и тихо спросила:

— Так зачем же он улыбался?

II

Обновки у Гриши бывали редко, — делать их часто средств не хватало у матери, и потому каждая обновка была ему в большую радость. Наступила осень, стало холодно,— справила Грише мать пальто, шапку, рукавицы. Больше всего порадовали Гришу рукавицы.

В праздник после обедни он надел все свои обновки и отправился гулять. Он любил гулять по улицам, и его пускали одного: матери было некогда ходить за ним. Теперь она с гордостью смотрела из окна, когда Гриша степенно проходил по двору. Вспоминая своих зажиточных родственников, которые много обещали, но мало делали для нее, она думала:

"Вот, и сама справила, слава богу, обошлась без них".

Стоял холодный, ясный день; солнце светило не ярко; по воде городских каналов плыли первые тонкие льдины. Гриша ходил по улицам, радуясь и этому бодрому холоду, и своим обновкам, и наивным своим мечтам, — он всегда принимался мечтать, как только оставался один, и мечтал всегда о подвигах, о славе, о блестящей, о счастливой жизни в роскошных чертогах, обо всем, что не похоже на скучную действительность.

Когда Гриша стоял на набережной Мойки и сквозь чугунную решетку смотрел на тонкое сало, плывшее по течению, к нему подошел уличный мальчишка в потасканной одежонке и с покрасневшими от холода руками. Он заговорил с Гришей. Гриша его не боялся, даже пожалел, что у него озябли руки. Новый знакомец сообщил, что его зовут Мишкой, а фамилия у него Бабушкин, потому что он с матерью живет у бабушки.

— Так как же, — спросил Гриша, — а у твоей матери какая фамилия?

— У матери? — переспросил Мишка, ухмыляясь. — А у нее фамилия Матушкина, потому что бабушка ей не бабушка, а матушка.

— Вот как! — с удивлением сказал Гриша. — А вот у меня с мамой одна фамилия: мы — Игумновы.

— Так это потому, — живо объяснил Мишка, — что твой дедушка был игумном.

— Нет, — сказал Гриша, — мой дедушка был полковником.

— Ну, все равно, дедушкин отец или кто-нибудь был игумном, вот вы все и пошли Игумновы.

5

Гриша не знал, кто был его прадед, и потому замолчал. Мишка все поглядывал на его рукавицы.

— Рукавицы-то у тебя знатные, — сказал он.

— Новые, — объяснил Гриша, радостно улыбаясь, — в первый раз надел. Видишь ты, — с прошивочкой!

— Ишь ты, какие важные! Поди, тепло тебе в них?

— Тепло.

— У меня тоже есть рукавицы, только я их дома оставил, они мне не нравятся. Я попрошу, чтобы мне купили такие же, как у тебя, а то мои мне совсем не нравятся. Они — желтые, а желтых не люблю. Дай мне надеть, я сбегаю, покажу бабушке, а то как же она купит!

Мишка просительно смотрел на Гришу, и глаза его завистливо блестели.

— А ты скоро? — спросил Гриша.

— Да, я вот тут близко живу, только за угол. Ты не бойся! Я, ей-богу, сейчас.

Гриша доверчиво снял рукавицы и отдал их Мишке. — Я сейчас, ты постой, не уходи, — радостно крикнул тот, убегая с Гришиными рукавицами.

Он скрылся за углом, а Гриша остался ждать. Он не думал, что Мишка его может обмануть: вот сбегает домой, покажет, вернется и отдаст рукавицы. Но долго стоял он и ждал, а тот и не думал приходить.

Уже короткий осенний день вечерел; ухе мать, встревоженная долгим отсутствием Гриши, отправилась искать его, — когда он наконец понял, что Мишка не вернется. Мальчик печально пошел домой и встретился с матерью.

— Гриша, да где ты пропадал? — и сердясь, и радуясь, что сын нашелся, спрашивала мать.

Гриша смущенно молчал, теребя свои красные от холода пальцы. Мать заметила, что у него нет рукавиц.

— Где твои рукавицы? — сердито спросила она, обшаривая карманы его пальто.

Гриша улыбнулся и сказал:

— Я мальчику отдал поносить, а он не принес.

III

Проходили годы за годами. Из бойких, смелых детей, что собрались на именины Леши Семибояринова, вышли ловкие, смелые люди, — и мальчишка, обманувший Гришу, нашел, конечно, свою дорогу в жизни, — а Гриша стал, разумеется, неудачником. Как в детстве, он все мечтал и в мечтах покорял царства, а на деле не умел оборонить себя от любого предприимчивого человека, который бесцеремонно отстранял его с дороги. Отношения его к женщинам были так же неудачливы, как и вся жизнь, и никогда ответное чувство не награждало его робких ухаживаний. Друзей у него не было. Одна только мать любила его.

Игумнов радовался, когда поступил на службу, на маленькое жалованье, — радовался тому, что теперь мать будет жить покойно, не заботясь о куске хлеба. Но счастье его не долго продолжалось:

скоро мать умерла. Гриша заскучал, упал духом. Жизнь показалась ему бесцельной. Апатия овладела им, работа валилась из рук. Он потерял место и стал сильно нуждаться.

Игумнов заложил наконец и последнее материно колечко и, выходя из ломбарда, улыбался, — чтоб не заплакать от жалости к себе.

Приходилось наведываться к разным людям, просить работы или места. Но Игумнов не умел просить: застенчивый, молчаливый, он испытывал в таких случаях непобедимое смущение и не мог настаивать на своих просьбах. Уже на лестнице перед дверью той квартиры, у хозяина которой надо чего-нибудь просить, его охватывал ужас, сердце его томительно билось, ноги тяжелели, рука нерешительно протягивалась к звонку.

В один из самых тяжелых и голодных дней Игумнов сидел в роскошном кабинете Алексея Степановича Семибояринова, отца того Леши, именины которого были ему памятны. Накануне Игумнов послал Алексею Степановичу письмо: на бумаге все же легче просить, чем на словах. Теперь он пришел за ответом.

По суетливой, беспокойной любезности Семибояринова, сухого, малорослого старичка с коротко остриженными серебристо-седыми волосами, он догадывался, что получит отказ, чувствовал себя поэтому скверно и не мог не улыбаться какой-то искусственно-ласковой улыбкой, словно ему хотелось показать, что это ничего, что если, мол, нельзя, то и не надо, а я, мол, так, между прочим. Эта улыбка, очевидно, раздражала Семибояринова.

— Получил я ваше письмо, любезнейший, — заговорил он наконец о деле своим сухим и отчетливым голосом. — Но, милейший, теперь ничего на примете нет.

— Ничего? — пробормотал Игумнов, краснея.

— Решительно ничего, почтеннейший. Все занято. И не предвидится в ближайшем будущем. Вот к Новому году можно что-нибудь устроить для вас, милейший.

— Да хоть к Новому году, — сказал Игумнов, улыбаясь с таким видом, как будто какие-нибудь восемь месяцев для него не расчет.

— Да, тогда очень рад буду. Если бы от меня зависело, я бы вас сегодня же посадил за дело. Мне очень хочется быть вам полезным, дорогой мой!

— Благодарю вас, — сказал Игумнов.

— Но скажите мне, милейший, — участливо спросил Семибояринов, — отчего вы ушли с того вашего места?

— Не пригодился, — смущенно отвечал Игумнов.

— А, не пригодились! Ну, надеюсь, что у нас, милейший, вы пригодитесь. Вы мне дайте адрес, почтеннейший.

Семибояринов суетливо принялся отыскивать на столе бумагу. Игумнов увидел тут же, под маленьким мраморным прессом, свое вчерашнее письмо.

— У меня адрес на письме написан, — сказал он.

— Да, да, верно, — оживленно заговорил хозяин, хватая письмо. — Так я буду знать.

— У меня привычка, — сообщил Игумнов, подымаясь с места, — всегда писать в начале письма адрес.

— Европейская привычка, — похвалил хозяин.

Игумнов распрощался и, улыбаясь, вышел, гордясь своими европейскими привычками, которые, однако, не мешали чувствовать голод. Его почти радовало то, что неприятный разговор кончен. Припоминались вежливые слова, преимущественно те, в которых заключались обещания и возбуждались легкомысленные надежды. Только через несколько минут, шагая по улице, он понял, что ничего из этих обещаний не выйдет. Да и обещано-то когда-нибудь, а есть надо теперь и на квартиру без денег идти тяжело, — что скажет хозяйка? Что он ей скажет?

Игумнов замедлил шаги и повернул в другую сторону. В грустной задумчивости, бледный, голодный, проходил он по шумным столичным улицам мимо сытых, занятых своими делами людей. Улыбка исчезла с его лица. Выражение мрачного отчаяния придало некоторую значительность его маловыразительным чертам.

Он приближался к Неве. Громадный купол Исаакиевского собора торжественно горел золотом на синей небесной пустыне. В лучах склоняющегося к закату солнца широкие площади и улицы подергивались нежной, еле различимой пыльной мглой. Грохот экипажей смягчился здесь, на этих великолепных просторах. Все было неприветливо и чуждо голодному, бессильному человеку. Румяные фрукты за стеклами магазинов были так же недоступны, как если бы их охраняла крепкая стража.

В нежно-зеленеющем сквере играли веселые дети. Игумнов смотрел на них и улыбался. Несносные воспоминания о детстве томили его щемящей жалостью к себе. Он думал, что ему остается только умереть. Это страшило. Но он думал:

"Почему же не умереть? Ведь было же время, когда я не жил? Будет покой, вечное забвение".

Обрывки чужих мудрых мыслей приходили в голову и утешали его.

Игумнов вышел на набережную. Опираясь о гранит, он стоял и смотрел на тяжелые волны реки. Вот только упасть туда, и все кончено. Но страшно тонуть, — захлебываться, давиться этими тяжелыми, холодными волнами, беспомощно биться и наконец в изнеможении опуститься на дно, чтобы течение повлекло тело вниз и потом выбросило безобразный труп где-нибудь на взморье.

Игумнов вздрогнул и отвернулся от реки. Неподалеку он увидел бывшего сослуживца, Куркова. Щеголевато одетый, веселый, самодовольный, Курков медленно шел, помахивая тросточкой с фигурным набалдашником.

— А, Григорий Петрович! — воскликнул он, точно обрадованный встречей. — Гуляете? Или по делу?

— Да, гуляю, то есть по делу, — сказал Игумнов.

— Нам, кажется, по дороге?

Они пошли вместе. Веселый говор Куркова усиливал тоску Игумнова. С внезапной решимостью, нервно передвинув плечами, он сказал:

— Николай Сергеевич, не найдется ли у вас рубля?

— Рубля? — удивился Курков. — На что вам? Игумнов зарделся и, запинаясь, принялся объяснять:

— Да мне, видите ли... Мне не хватает именно одного рубля... Мне надо одну вещь купить... купить, знаете...

Волнение перехватило его дыхание. Он замолчал и улыбался напряженно и жалко.

"Ну, это, значит, без отдачи", — подумал Курков.

И сказал, уже не тем беспечным тоном, как раньше:

— Рад бы, но совсем нет лишних, ни гроша. Сам вчера должен был занять.

— Ну, что ж, на нет суда нет, — бормотал Игумнов, продолжая улыбаться, — как-нибудь обойдусь.

Его улыбка злила Куркова, — может быть, потому, что она была такая беспомощная и жалкая.

"Чего он улыбается? — досадливо думал Курков. — Не верит, что ли? Ну, и пусть, — у меня не казначейство!"

— Отчего вы к нам никогда не зайдете? — небрежно и сухо спросил он Игумнова, глядя куда-то в сторону.

— Все собираюсь, непременно зайду, — отвечал Игумнов дрожащим голосом, — сегодня можно?

Уютная столовая Курковых представилась ему, гостеприимная хозяйка, самовар на столе, заставленном закусками.

— Сегодня? — сказал Курков тем— же сухим небрежным голосом. — Нет, сегодня нас дома не будет. На днях как-нибудь, милости просим. Однако мне в этот переулок. До свидания!

И он поспешно стал переходить через деревянную настилку набережной. Игумнов смотрел за ним улыбаясь. Медленные, несвязные мысли ползли в его голове.

Когда Курков скрылся в переулке, Игумнов опять приблизился к гранитной ограде и, содрогаясь от холодного ужаса, мешкотно и неловко стал перелезать через нее.

Никого не было вблизи.

Червяк

Ванда, смуглая и рослая девочка лет двенадцати, вернулась из гимназии румяная с мороза и веселая. Шумно бегала она по комнатам, задевая и толкая подруг. Они опасливо унимали ее, но и сами заражались ее веселостью и бегали за нею. Они, однако, робко останавливались, когда мимо них проходила Анна Григорьевна Рубоносова, учительница, у которой девочки жили на квартире. Анна Григорьевна сердито ворчала, хлопотливо перебегая из кухни в столовую и обратно. Она была недовольна и тем, что обед еще не готов, а Владимир Иванович, муж Анны Григорьевны, должен сейчас вернуться из должности, и тем, что Ванда шалила.

— Нет, — досадливо говорила Анна Григорьевна, — последний год держу вас. И в гимназии-то вы мне надоели до смерти, да и тут с вами возись. Нет, будет с меня, намаялась.

Зеленоватое лицо Анны Григорьевны принимало злое выражение, желтые клыки ее выставлялись из-под верхней губы, и она мимоходом больно щипала Ванду за руку. Ванда ненадолго стихала — девочки боялись Анны Григорьевны, — но скоро снова комнаты дома Рубоносовых оглашались смехом и гулкой беготней.

У Рубоносовых был собственный дом, деревянный, одноэтажный, который они недавно построили и которым очень гордились. Владимир Иваныч служил в губернском правлении, Анна Григорьевна — в женской гимназии. Детей у них не было, и потому, может быть, Анна Григорьевна часто имела злой и раздраженный вид. Она любила щипаться. Ей было кого щипать: Рубоносовы держали на квартире каждый год несколько гимназисток, из приезжих, и у них жила сестра Анны Григорьевны, Женя, девочка лет тринадцати, маленькая и худенькая, с костлявыми плечами и большими холодными губами бледно-малинового цвета, похожая на старшую сестру, как молодая лягушка бывает похожа на старую. Нынче, кроме Жени, у Рубоносовых жили еще четыре девочки: Ванда Тамулевич, дочь лесничего в одном из далеких уездов Лубянской губернии, веселая девочка с большими глазами, втайне тосковавшая по родине и всегда к концу зимы (она

11

жила у Рубоносовых третий год) заметно хиревшая от этого, Катя Рамнева, самая старшая и смышленая из девочек, смешливая, черноглазая Саша Епифанова и ленивая русоволосая красавица Дуня Хвастуновская, обе лет по тринадцати.

У Ванды была причина веселиться: она сегодня получила "пятерку" по самому трудному для нее предмету. Ванде всегда трудно и скучно было приготовлять те уроки, которые надо было брать памятью. Случалось часто, что во время заучивания неинтересных вещей мысли ее разбегались и мечта уносила ее в таинственно-тихие, оснеженные леса, где, бывало, несли ее с отцом легкие санки, где наклонялись над нею толстые от снега ветви сумрачно-молчаливых елей, где бодрый морозный воздух вливался в грудь такими веселыми, такими острыми струями. Ванда мечтала, часы летели, урок оставался невыученным, — и утром наскоро прочитывала его Ванда и отвечала, если спрашивали, кой-как, на "тройку".

Но вчера был удачный вечер: Ванда ни разу не вспомнила далеких лесов своей родины. Сегодня она ответила урок батюшке слово в слово по книге: отец законоучитель придерживался старого способа, как его самого обучали лет сорок назад. Батюшка ее похвалил, назвал "молодец-девка" и поставил ей пять.

Вот почему теперь Ванда буйно носилась по комнатам, дразнила угрюмого пса Нерона, который, впрочем, со снисходительной важностью относился к ее шаловливым выходкам, хохотала и тормошила подруг. От быстрых движений у нее захватило дыхание, но радость поднимала ее и заставляла бесноваться. С разбегу Ванда налетела на суетливую служанку Маланью и выбила у нее из рук тарелку, но ловко подхватила ее на лету.

— О, чтоб тебя, оглашенная! — сердито окрикнула ее Маланья.

— Ванда, перестанешь ли шалить! — прикрикнула на нее и Анна Григорьевна. — Разобьешь еще что-нибудь.

— Не разобью, — весело крикнула Ванда, — я ловкая.

Она завертелась на каблуках, махнула руками, зацепила любимую чашку Владимира Ивановича, которая стояла на краю обеденного стола, — и замерла от ужаса: послышался звон разбитого фарфора, беспощадно-ясный и веселый, по полу покатились разноцветные осколки разбитой чашки. Ванда стояла над черепками, прижимая руки к груди; ее черные бойкие глаза от испуга приняли безумное выражение, и смуглые полные щеки внезапно побледнели. Девочки притихли и столпились вокруг Ванды, пугливо разглядывая осколки.

— Вот и дошалилась! — наставительно сказала Женя.

— Задаст тебе Владимир Иваныч, — заметила Катя.

Саше Епифановой вдруг сделалось смешно; она фыркнула и закрыла рот рукою, как делала всегда, чтоб не очень рассмеяться. Анна Григорьевна, заслышавши звон, прибежала из кухни, восклицая:

— Что здесь такое?

Девочки молчали. Ванда затрепетала. Анна Григорьевна увидела черепки.

— Этого только не хватало! — воскликнула она, и злые глаза ее тускло засверкали. — Кто это сделал? Говорите сейчас! Это твои штуки, Ванда?

Ванда молчала. Женя ответила за нее:

— Это она здесь прыгала и вертелась у самого стола, махнула руками, задела за чашку, чашка и разбилась. А мы ее все унимали, чтоб она не шалила.

— А, вот что! Благодарю покорно! — зашипела Анна Григорьевна, зеленея и грозя Ванде желтыми клыками. Ванда порывисто бросилась к Анне Григорьевне, обхватила ее дрожащими руками за плечи и упрашивала:

— Анна Григорьевна, голубушка, не говорите Владимиру Иванычу!

— Да, Владимир Иваныч не увидит! — злобно ответила Анна Григорьевна.

— Скажите, что вы сами разбили.

— Любимую чашку Владимира Иваныча я стану бить! Что, ты с ума сошла, Ванда? Нет, милая, я не стану тебя выгораживать, разделывайся сама. Сама и черепки Владимиру Иванычу покажешь.

Ванда заплакала. Девочки принялись собирать черепки.

— Да, да, покажешь сама, он тебя поблагодарит, голубушка, — язвительно говорила Анна Григорьевна.

— Не говорите, ради бога, Анна Григорьевна, — опять принялась упрашивать Ванда, — накажите сами, а Владимиру Иванычу скажите, что это кошка разбила.

Саша, которая усердно собирала мелкие осколки, складывая их себе в горсть, опять фыркнула от смеха.

— Кот в сапогах! — крикнула она сдавленным от смеха голосом.

Катя шепотом унимала ее:

— Ну, чего смеешься? Ты бы разбила, так как взвыла бы, небось.

Анна Григорьевна отымала от Ванды свои руки и повторяла:

— И не проси лучше, непременно скажу. Что это в самом деле, постоянные шалости! Нет, матушка, надо тебя хорошенечко пробрать! Ну, что, собрали? — спросила она девочек. — Давайте сюда.

Анна Григорьевна положила осколки на тарелку и отнесла их в гостиную, на стол, на самое видное место; Владимир Иваныч, как прядет, так сейчас же заметит. Довольная своей изобретательностью, Анна Григорьевна опять забегала взад и вперед от стола к печке и тихонько, злобно шипела на Ванду. Ванда уныло и безнадежно ходила за Анной Григорьевной и упрашивала убрать черепки.

— Пусть хоть после обеда Владимир Иваныч увидит! — говорила она, горько плача.

— Нет, милая, пусть он сразу увидит, — злобно отвечала Анна Григорьевна.

В Ванде порывами подымалась злоба на жестокость Анны Григорьевны, и она отчаянно всплескивала руками и тихонько вскрикивала:

— Да простите же! Да прибейте лучше!

Остальные девочки сидели смирно и разговаривали шепотом.

II

Владимир Иваныч возвращался домой и сладко мечтал, как он пропустит водочки, заморит червячка, а потом плотно пообедает. Был ясный день. Солнце клонилось к закату. Изредка набегал ветер, частый гость в Лубянске, и отрывал от снежных сугробов толпы пушистых снежинок. Улицы были пустынны. Низенькие деревянные домишки торчали кое-где из-под снега, розовеющего на солнце, да бесконечно тянулись длинные, полурасшатанные заборы, из-за которых выглядывали жесткие, серебристо-заиндевелые стволы деревьев.

Рубоносов пробирался по узким мосткам, молодцевато ступая кривыми ногами и весело посматривая маленькими глазками, мерцавшими оловянным блеском на красном, веснушчатом лице. Вдруг он завидел своего врага, Анну

14

Фоминичну Пикилеву, учительницу гимназии, сорокалетнюю девицу с очень злым языком. Владимиру Иванычу стало досадно: неужели он должен уступить ей дорогу, рискуя свалиться в снег? А она шла себе прямо, скромно опустивши змеиные глазки и сжимая ненавистные губы каким-то особым способом, раздражавшим всегда Владимира Иваныча. Он сжал в правой руке толстую палку из кружков березовой коры, плотно насаженных на железный прут, и решительно пошел на врага. И вот они сошлись грудь с грудью и менялись пламенными взорами. Владимир Иваныч первый нарушил молчание.

— Холера! — торжественно воскликнул он.

Только теперь он заметил, что за спиною Анны Фоминичны копошилась девчонка Машка, ее служанка, которая несла барышнины книжки. Владимиру Иванычу стало жаль, что нельзя покрупнее изругаться, — есть свидетельница.

Анна Фоминична прошептала шипящим голоском:

— Совершенно невежественный кавалер!

Владимир Иваныч растопырил ноги и, подпираясь палкой, говорил посмеиваясь и показывая гнилые зубы:

— Ну, проходи, чего стала!

— Неужели вы не можете посторониться? — смиренно спросила Анна Фоминична.

— Что ж, мне для вас в снег лезть прикажете? Нет, брат, шалишь, мне свое здоровье дорого. Проходите, проходите, не засаривайте дороги.

И он легонечко протолкнул мимо себя Анну Фоминичну, но как-то так неосторожно, что она упала на снег и закричала визгливым голосом, вдруг потерявшим всю свою слащавую смиренность:

— Ах, ах, уронил! ах, ах, злодей!

Девчонка прыгнула за ней, — Владимир Иваныч поощрял ее легким ударом под коленки, — и барахталась в снегу, помогая барышне подняться и вопя благим матом.

Расчистив путь, Владимир Иваныч отправился дальше. Лицо его пылало гордой радостью победы. Машка кричала ему вдогонку:

Ах ты, мазурик, паршивый, окаянный! Вот мы тебя к мировому.

Дойдя до перекрестка, Владимир Иваныч обернулся, погрозил палкой и крикнул:

— Поругайтесь, ясен колпак, так я вам и еще прибавлю.

В ответ на это Машка высунула язык, показала сразу четыре кукиша и звонко закричала:

— Сунься, сунься, очень мы тебя боимся!

Владимир Иваныч подумал, решил, что не стоит связываться, плюнул, энергично выругался и отправился домой, радостно чувствуя, что аппетит его взыграл и удвоился!

III

Напряженно ожидавшие девочки вздрогнули. Раздался резкий, повелительный звонок: это возвратился Владимир Иваныч. Анна Григорьевна бросила злорадный взгляд на Ванду и кинулась отворять дверь. Женя повторила за сестрой и злорадный взгляд, и суетливый порыв в прихожую. Ванда, замирая от страха, бежала за Анной Григорьевной и тихонько упрашивала ее не говорить. Анна Григорьевна сердито оттолкнула ее.

Владимир Иваныч, освобождаясь от шубы при помощи жены и услужливой Жени, громогласно восклицал:

— Я ей, курицыной дочке! Будет помнить до новых веников, ясен колпак!

Ужас охватил Ванду; ей представилось, что Владимир Иваныч узнал каким-то чудом о разбитой чашке. Но скоро из его отрывочных восклицаний Ванда поняла, что речь идет о другом. Смутная надежда шевельнулась в ней: может быть, удастся оттянуть до после обеда, когда Рубоносов будет, от нескольких рюмок водки, в добродушном, сонном настроении. Поспешно вернулась она в гостиную и стала перед столом, стараясь заслонить обломки чашки. Катя помогла ей, подвинув на столе лампу так, чтобы она сбоку закрывала тарелку.

Владимир Иваныч вошел в гостиную, потрясая кулаком и повторяя на расспросы Анны Григорьевны:

— Погоди, все расскажу по порядку, дай промочить горло.

Он остановился перед зеркалом и самодовольно оглядел себя, — он казался себе самому первым красавцем в городе. Потом он снял сюртук, бросил его Ванде и крикнул:

— Ванда, тащи в нашу спальню!

Ванда трепетно подхватила сюртук и уныло потащила его в спальню супругов, бережно держа его за петлю воротника и высоко подымая, словно бы он был стеклянный. Для большей осторожности она даже приподнялась на носки. Смешливая

16

Саша закрыла рот рукой и выбежала из комнаты. Щеки Ванды покрылись яркой краской стыда и досады.

Рубоносов, оставшись в жилете, опять посмотрелся в зеркало и стал расчесывать свои гладкие, светлые волосы с пробором посредине. Отвернувшись от зеркала, он увидел на столе, на тарелке, черепки. Мигом признал он в них остатки той вместительной чашки, из которой привык пить чай, — и почувствовал себя жестоко оскорбленным.

— Кто разбил мою чашку? — закричал он свирепым голосом. — Ведь это же безобразие, — мою любимую чашку!

Он гневно зашагал по комнате.

— Известно, кому же больше, как не Ванде, — заговорила злым, шипящим голосом Анна Григорьевна.

Женя, торопясь услужить, взволнованно повторила свой рассказ о том, как Ванда разбила чашку. Потом она растопырила руки и закружилась, представляя Ванду. Ее слегка поникшее зеленоватое лицо с тупым носом выражало озабоченность усердия, злые губы не улыбнулись и спина отвратительно горбатилась.

— Вечные шалости! — шипела Анна Григорьевна. — Никакой нет управы с этой девчонкой. Уйми хоть ты ее, Владимир Иваныч, — ведь иначе что же это у нас будет: всю посуду перебьют. Ведь они нам не золотые горы возят, — одни хлопоты да беспокойство с ними.

— Она и тарелки чуть не побила, — опять вмешалась Женя, — Маланья несла из кухни тарелки, а она на нее как налетит! Маланья едва только подхватила, а то так бы все тарелки вдребезги.

Рубоносов постепенно свирепел, багровел и гневно рычал. Ванда стояла за дверьми гостиной, плакала и тихонько молилась, торопливо крестясь. Сквозь щель двери видела она багровое лицо Владимира Иваныча, и оно было ей отвратительно и страшно. Рубоносов крикнул:

— Ванда, поди-ка сюда!

Ванда трепетно вошла в гостиную.

— Ты что это, курицына дочка, наделала? — закричал на нее Владимир Иваныч.

Ванда увидела в его руке ременную плеть, которая служила Рубоносову для усмирения Нерона.

— Поди-ка, поди-ка сюда! — говорил Владимир Иваныч, брызгая слюною. — Вот я тебя приласкаю плеточкой.

Он свирепо замахал плетью и пронзительно засвистел. Испуганная Ванда попятилась назад, к дверям, — он ухватил ее за плечо и потащил, нервно подергивая, на середину комнаты.

С громким плачем Ванда упала на колени. Рубоносов взмахнул плетью. Заслыша свист плети в воздухе, Ванда отчаянно взвизгнула, увернулась от удара судорожно быстрым движением, вскочила на ноги и бросилась в переднюю, где забилась за шкаф, в тесный, пыльный угол. По всему дому разносились оттуда ее истерические вскрикивания. Владимир Иваныч ринулся было вытаскивать Ванду, но Анна Григорьевна, испуганная дикими глазами и неистовыми криками девочки, остановила мужа:

— Ну, довольно, Владимир Иваныч, брось ее, — сказала она, — еще наплачешься с нею. Смотри, какие у нее глаза, — начнет кусаться, пожалуй. Уж видно, как волка ни корми, а он все в лес смотрит.

Рубоносов остановился перед шкафом, за которым дрожала и билась Ванда.

— Прятаться от меня, ясен колпак! — заговорил он медленно, со свирепыми ударениями на словах, весь багровый от негодования: — Ну ладно, подожди, я тебя иначе доеду.

Ванда притихла и прислушивалась.

— От меня не спрячешься, курицына дочка! — продолжал Владимир Иваныч, видимо, подыскивая угрозу пострашнее: — Я знаю, что с тобой сделать. Вот погоди, уже ночью, как только ты заснешь, заползет тебе червяк в глотку. Слышишь, курицына дочка, червяк!

Владимир Иваныч сделал на слове червяк грозное, рявкающее ударение и сердито бросил плетку на пол. Из-за шкафа глядели на него, не отрываясь, черные широкие глаза и неподвижно смуглело побледневшее лицо.

— Будешь ты у меня знать! — говорил Рубоносов. — Вползет червяк прямо в глотку, ясен колпак! Так по языку и поползет. Он тебе все чрево расколупает. Он тебя засосет, миляга!

Ванда чутко, внимательно слушала: ее испуганные глаза неподвижно мерцали среди теней, окутывающих ее в пыльном, темном углу за шкафом. А Владимир Иваныч повторял свои странные злобные угрозы, и Ванде из ее душного угла он казался похожим на чародея, напускающего на нее таинственные наваждения, неотразимые и ужасные.

IV

Выдумка о червяке понравилась Рубоносову, он повторял ее несколько раз и за обедом, и после обеда вечером. Понравилась эта шутка и Анне Григорьевне, и девочкам, — все смеялись над Вандой. Ванда молчала и испуганно посматривала на Владимира Ивановича. Иногда она думала, что он шутит и что какой же может быть червяк? Иногда ей становилось страшно.

Весь вечер ей было не по себе. Она чувствовала себя и виноватой, и обиженной. Ей хотелось бы остаться одной, забиться куда-нибудь в угол и поплакать, — но нельзя было этого сделать: вокруг нее тихо жужжали ее подруги, и она сама должна была сидеть с ними, за постылыми книгами и скучными тетрадками; в соседней комнате разговаривали Рубоносовы. Ванда с нетерпением ожидала ночи, когда можно будет хоть одеялом покрыться от этих докучливых, ненужных людей.

Ванда сидела и притворялась, что занимается уроками. Закрывшись руками от подруг, она старалась представить себе отцов дом и глухие леса. Она смыкала глаза и видела далекую родину.

Весело трещит огонь в печке. Ванда сидит на полу и протягивает к огню застылые, красные руки, — она только что прибежала домой. А в окно глядит зимний день, морозный, светлый. Низкое солнце румянит искристые кристаллы оконных узоров. Тепло, уютно, кругом свои, — добродушный смех, шутки.

Но входил Рубоносов и спрашивал:

— Что, Ванда, задумалась? По червяке соскучилась, ясен колпак? Небось, вползет ночью в самое чрево.

Девочки смеялись, Ванда растерянно озиралась широкими черными глазами.

"Червяк!" — тихонько, одними губами, повторяла она и вдумывалась в это слово. Самый звук его казался ей странным и каким-то грубым. Почему червяк? Она расчленяла слово на слоги и звуки; гнусное шипение вначале, потом рокот угрозы, потом скользкое, противное окончание. Ванда брезгливо повела плечами, и холодок пробежал по ее спине. Бессмысленный и некрасивый слог "вяк" повторялся настойчиво в ее памяти, — он был ей противен, но она не могла от него отделаться.

V

Было поздно. Девочки разделись и улеглись в своей спальне, где их пять кроватей неуютно стояли в один ряд. Кровать Ванды была вторая с краю. По левую сторону у стены спала Дуня Хвастуновская, с правой стороны Саша, потом Катя, а у двери в спальню Рубоносовых Женя.

Тоскующими злобными глазами Ванда осматривала спальню. Хмурые тени в углах неприветливо смотрели на нее и, казалось ей, стерегли ее.

Стены покрыты некрасивыми темными обоями; на них грубо наляпаны лиловые цветы, с краской, наложенной мимо тех мест, где ей следовало быть. Обои наклеены кой-как, и узоры не сходятся. Наклеенный бумагой потолок низок и сумрачен. Ванде кажется, что он опускается, сжимает собою воздух и теснит ей грудь. Железные кровати тоже, кажется Ванде, пахнут чем-то неприятным и печальным, острогом или больницей.

Против кроватей, прямо перед глазами Ванды, стоят шкафы для одежды девочек, щелистые, сколоченные из гнилого дерева, с неплотно прилаженными дверцами. Когда мимо шкафов проходят, то их дверцы вздрагивают и слегка поскрипывают. Ванде досадно, что у шкафов такой жалкий и недоумевающий вид испуганных, дряхлых старичков.

Владимир Иваныч вошел в спальню девочек и зычно крикнул:

— Ванда, слышь, червяк-то вползет тебе нынче ночью в глотку.

Девочки захихикали и смотрели на Ванду и на Владимира Иваныча. Ванда молчала. Из-под одеяла сверкали на Владимира Иваныча ее большие черные глаза.

Рубоносов ушел. Девочки принялись дразнить Ванду. Они знали, что Ванду легко раздразнить до слез, и потому любили дразнить ее. И у Ванды задразненное недоверчивое сердце, открытое только мечтам о далекой родине.

Ванда тоскливо молчала, грустными глазами тупо рассматривая сумрачный потолок. Девочки болтали и пересмеивались. Это надоело Владимиру Иванычу, — он собирался спать. Он крикнул из своей спальни:

— Цыц, ясен колпак! Что вы там раскудахтались, комики! Вот я вас плеткой!

Девочки затихли.

"Только и умеет что о плетке!" — досадливо подумала Ванда. Ей припомнились ласковые, добрые домашние, а Владимир Иваныч в сравнении с ними показался неотесанным, грубым. Но вдруг ей стало совестно осуждать его, — ведь все же она пред ним провинилась.

Скоро послышалось с соседней постели легкое сонное сопение быстро засыпающей Дуни. Это было сегодня противно Ванде. В теплом спертом воздухе ей дышалось трудно и грустно. Ей казалось, что здесь тесно и мало воздуху. Тоска и странная досада на что-то теснили ее грудь.

Она закрыла голову одеялом. Сердитые мысли пробежали в ее голове — и потухли, сменившись счастливыми, далекими грезами.

Ванда начала засыпать. Вдруг почувствовала она на губах что-то неприятное, как бы ползущее. Она вздрогнула от страха. Сон словно соскочил с нее.

Ее глаза широко и тоскливо раскрылись. Сердце замерло, — и застучало от боли быстро и сильно. Ванда торопливо поднесла руку ко рту и вытащила изо рта нечаянно попавший туда край простыни, слегка смоченный ее слюной. Он-то и произвел ощущение, так напугавшее ее.

Ванда почувствовала радость, как после избегнутой опасности. Она заметила теперь, что сердце ее сильно бьется. Она приложила руку к груди и, ощущая горячими пальцами быстрые толчки, улыбалась своему миновавшему испугу.

А в сумраке ночи вокруг нее смутно и неопределенно шевелилось что-то угрожающее, неизвестное. Радость ее была напряженная и улыбка бледная, а сердце уже опять замирало тихонько от того же темного, тайного предчувствия.

Ванде было тоскливо и томно. Она беспокойно ворочалась с боку на бок. Ей было душно. Одеяло мешало дышать. В ногах были неприятные ощущения: томная усталость наливала их болезненной тяжестью, подъемам ног было больно от стягивавшей их днем тесной обуви. Во всем теле ощущалась неловкость. Ей хотелось спать, она не могла уснуть, и глаза ее казались ей тяжелыми, сухими.

Ветер завыл в трубе жалобно и тонко. Кто-то из девочек впросонках пробормотал что-то. Томительная тоска бессонницы душными объятиями обхватила Ванду. Болезненно-неловко было ей лежать на тех грубых складках простыни и рубашки, которые она сама сбивала, мечась и ворочаясь.

Ванда пыталась помечтать, вызвать в себе сладкие и кроткие настроения, — но и это не удавалось ей. Девочки крепко спали, и Ванде казались они иногда неживыми и страшными.

Так пролежала она целый долгий час и наконец заснула.

VI

Ванда внезапно проснулась, точно ее толкнули. Была еще глубокая ночь, все спали. Ванда порывисто поднялась и села на постели, чем-то испуганная, каким-то смутным сном, какими-то неопределенными ощущениями. Напряженно всматривалась она в мрак спальни, думая отрывочными, неясными мыслями о чем-то, непонятном ей. Тоска сжимала ее сердце. Во рту была неприятная сухость, заставившая Ванду порывисто зевнуть. Тогда почувствовала она, как будто что-то постороннее ползет по ее языку, около самого его корня, что-то тягучее и противное, — ползет в глубине рта и щекочет зев. Ванда бессознательно сделала несколько глотательных движений. Ощущение ползучего на языке прекратилось.

Вдруг Ванда вспомнила о червяке. Она подумала, что это, конечно, вполз к ней в рот тот самый червяк и она проглотила его живьем. Ужас и отвращение охватили ее. В сумрачной тишине комнаты пронеслись отчаянные, пронзительные вопли Ванды.

Испуганные девочки повскакивали с постелей, не понимая, лепеча что-то и всхлипывая, и беспорядочно метались впотьмах, сталкиваясь одна с другой. Ванда затихла. Анна Григорьевна, узнав голос Ванды, прибежала из своей спальни неодетая, на бегу зажигая свечку. Слышно было за дверью, как тяжело ворочался на скрипевшей под ним кровати Владимир Иваныч, как он сердито мычал и как он потом начал отыскивать свою одежду.

Анна Григорьевна подошла к Ванде.

— Ванда, что ты? — спросила она. — С чего ты орешь! Чего испугалась, шальная?

При свете свечи девочки тоже сообразили, что это кричала Ванда, и столпились около ее кровати, пожимаясь спросонок от холода и протирая руками заспанные глаза. Ванда сидела на постели, согнувшись, поджимая ноги. Она дрожала всем телом и боязливо смотрела на Анну Григорьевну. Ее широко открытые глаза горели и выражали безотчетный ужас, Анна Григорьевна тронула ее за плечо:

— Да что с тобой, Ванда, говори же!

Ванда вдруг заплакала, громко, с детскими отчаянными вскрикиваниями, и залепетала:

— Червяк, червяк!

Зубы ее как-то странно и звучно звякнули. Анна Григорьевна не вспомнила сразу, о каком червяке говорится.

— Какой червяк? — досадливо спрашивала она, обращаясь то к Ванде, то к другим девочкам.

Ванда еще сильнее заплакала, вскрикивая:

— Ой, батюшки, помогите: червяк заполз!

Она беспомощно открыла рот и сунула туда пальцы, бессознательно прикусила их, вытащила изо рта и опять зарыдала. Катя объяснила:

— Это ей, должно быть, приснилось, что в рот червяк заполз, о которрм Владимир Иванович говорил.

Пришел и Владимир Иваныч и крикнул еще с порога:

— Ну, что у вас тут? Комики, спать не дают.

— Да вот, — отвечала ему Анна Григорьевна, — ты натолковал Ванде про червяка, она и поверила.

— Дура, — сказал Рубоносов, — ведь я шутил, никакого червяка нет.

Девочки засмеялись, теснее придвинулись к Ванде и стали ее ласкать и успокаивать:

— Это тебе только померещилось, Ванда, откуда может быть червяк?

— Вот дура-то! Пошутить с тобой нельзя! — воскликнул Рубоносов и ушел в свою спальню.

Дуня принесла Ванде воды в ковшике и убеждала Ванду выпить. Анна Григорьевна присела к Ванде на кровать и уговаривала ее. Мало-помалу Ванда успокоилась и быстро заснула.

VII

Ванда видела во сне родной дом, отца, мать, маленьких братьев, милый лес и верного Полкана.

Одноэтажный домик на краю маленького города, полузанесенный снегом. Весело вьется синий дымок над его крутой кровлей. Невдалеке белый лес со своей манящей грустью. Тихие небеса озарены ранним розовым закатом.

Потом пригрезилось лето. Извилистая река медленно струится. Желтые кувшинки недалеко от берега. Над рекой крутые глинистые обрывы. В тонком воздухе звенят и реют быстрые птицы.

Мать, ласковая, веселая. Ее светло-синие глаза, ее звенящий голос, напевающий тихую, мирную песенку.

Отец, такой суровый с виду. Но Ванду не пугают его длинные, жесткие усы, начинающие седеть, и его густые, нахмуренные брови. Ванда любит слушать его рассказы об его родине, далекой и несбыточной. Ванда родилась и выросла среди этих снегов, на родине своей матери, и отцовы рассказы она понимает по-своему, сказочно и роскошно.

Движение в спальне, голоса и смех девочек разбудили Ванду. Она открыла глаза. Чуждо и непонятно было ей все то, что она увидела. Так резок был переход от милых видений к этим пыльным стенам, к этим грубым обоям с нелепыми цветами, что она с полминуты пролежала, не понимая, где она и что с нею, полусознательно хватаясь за убегающие обрывки прерванного сна.

А потом знакомой тоской глянули на нее стены комнаты, знакомой тоской защемило ее сердце. Она грустно вспомнила, что опять целый день придется ей быть среди чужих, которые будут дразнить ее и червяком, и ее странным именем, и еще чем-нибудь обидным. Предчувствие обиды больно зашевелилось в ее сердце.

VIII

Рубоносовы и девочки пили чай. Ванда была еще бледна от ночного испуга. У нее болела голова, ей было томно и тоскливо, и она нехотя пила и ела. Во рту у нее был дурной вкус, и чай казался ей не то затхлым, не то кислым.

Владимир Иваныч пил с блюдечка и громко чмокал губами. Ванде казалось противным это чмоканье, а он торопился выпить побольше: скоро надо было идти на службу.

Анна Григорьевна заметила, что Ванда печальна, и спросила:

— Что с тобой, Ванда? не болит ли у тебя голова?

— Нет, ничего, Анна Григорьевна, я здорова, — отвечала Ванда, встрепенувшись и стараясь улыбнуться.

— Это она с перепугу такая бледная, — объяснила Катя.

Саша, вспомнив ночной переполох, громко засмеялась, заражая веселостью других девочек.

— Ты, Ванда, может быть, и в самом деле больна, — не остаться ли тебе дома? — спросила Анна Григорьевна.

Но Ванда слышала по ее голосу, что она рассердится, если остаться, и примет это за притворство. И Ванда поспешила сказать:

— Да нет, Анна Григорьевна, что вы, я же, право, совсем здорова.

— Что, верно, и вправду червяк вполз? — спросил Владимир Иваныч и зычно захохотал.

Все засмеялись, улыбалась и Ванда. При дневном свете она перестала бояться червяка. Но Рубоносову стало досадно, что Ванда улыбается: негодная шалунья смеет скалить зубы в то время, когда он пьет чай не из любимой чашки! Он решил еще попугать Ванду, чтоб она вперед помнила.

— А ты чего зубы скалить, Ванда? — сказал он, свирепо хмуря брови. — Ты и впрямь думаешь, что я шучу? Вот дура-то! Червяк только пока притих, — отогревается, а вот дай сроку, начнет сосать, взвоешь истошным голосом.

Ванда побледнела и вдруг явственно почувствовала в верхней части желудка легкое щекотание. Она испуганно схватилась за сердце. Анна Григорьевна встревожилась: захворает девчонка, — возись с ней, — родители живут за триста верст. Она стала унимать мужа:

— Да полно тебе, Владимир Иваныч, ну что пугаешь девчонку; опять ночью заблажит. Не каждую мне ночь с ней возжаться. И день намаешься с ними.

IX

Когда Ванда шла с подругами в гимназию, червяк продолжал щекотать все в том же месте. Ей было неловко и страшно.

Ветер, который веял ей навстречу, казался ей беспощадным. Угрюмые заборы и унылые люди наводили на нее тоску, — и не могла она никак забыть, что в ней сидит червяк, маленький и тоненький, еле заметный, и щекочет, словно пробираясь куда-то, щекочет урывками: то притихнет, то начнет снова, как и этот беспощадный ветер, порывами вздымающий нелепо кружащиеся снежные вихри. Этот гул ветра на пустынных улицах томительно напоминал Ванде дремотную тишину далекого леса, где теперь под суровыми соснами звучно раздается мужественный голос ее отца. Но там, в лесу, — простор и божья воля, а здесь, в скучном чужом городе — стены и людское бессилье.

Ей вспомнилось, как любо ей было прятаться в отцову шубу, — санки бегут, а ветер разгульно взвизгивает и взвивает снежные тучи, и солнце сквозит в них, и многоцветными брызгами дробятся его лучи; слышен бодрый храп коней и протяжный гул полозьев, скользящих по снегу. Из ворот чьего-то дома на улицу тянулась узкая дорожка ельника. Пугливо сжалось сердце Ванды.

"И зачем я вчера разбила эту чашку! — горько подумала она. И зачем я прыгала? Чему обрадовалась?"

X

Сидя в классе, Ванда прислушивалась к тому, что делает ее червяк. Ей казалось по временам, что он подымается выше, к сердцу. Она старалась успокоить себя, думая, что это пройдет. Но от голых стен класса веяло на нее такой неумолимой строгостью, что ей делалось страшно.

Ее подруги рассказывали по всем классам про червяка, и Ванду немилосердно дразнили. На переменах девочки подходили к ней и спрашивали:

— Правда, что вы червяка проглотили?

Ванда слышала за собой смех и тихие восклицания:

— Ванна червяка проглотила. (В гимназии Ванду дразнили "ванной", искажая так ее имя.)

Потом Ванду стали дразнить "под рифму".

— Ванна чашку разбила, червяка проглотила.

Ванда яростно бледнела и бранилась с подругами. Вдруг, в разгаре жаркой ссоры с надоедливой, смешливой барышней, Ванда почувствовала легкое сосание под самым сердцем. Испуганная, она замолчала, уселась на свое место и, не

26

обращая ни на что внимания, стала прислушиваться к тому, что в ней делалось.

Под сердцем тихонько, надоедливо сосало. То затихнет, то опять засосет.

Это томительное сосание продолжалось и дома, и за обедом, и вечером. Когда утомленные червяком мысли Ванды переходили на другие предметы, червяк затихал. Но она сейчас же опять вспоминала о нем и начинала прислушиваться. Мало-помалу снова начиналось надоедливое сосание.

Ванде казалось иногда, что если бы забыть о червяке, то он затих бы. Но ей не удавалось забыть его: напоминали.

Все тоскливее и страшнее становилось Ванде, но ей стыдно было сказать, что червяк уже сосет ее. В ней робко гнездилась бледная надежда, что это пройдет само собой.

XI

Девочки сидели за уроками. Желтый свет лампы раздражал Ванду. Она прислушивалась к томительной работе червяка, который сосал все проворнее. Ванда оперлась локтями на стол, сжала голову ладонями и тупо смотрела на раскрытую книгу. Неизъяснимая тоска томила ее. Ей трудно дышалось в этом враждебном, замкнутом воздухе. Ванда подумала, стараясь утешить себя:

"Никакого червяка нет, это все только от тоски. Только бы развеселиться".

Она пробовала помечтать о доме. Вот будет весна, ее возьмут домой.

Прохладный и мшистый лес дремотен. Он полон свежими ароматами сосен. Вода в ручье серебристо звенит, переливаясь по камням. Темнеет в зелени покрытая толстым налетом крупная голубика.

Но мечты складывались трудно, и Ванда скоро устала заставлять себя мечтать.

Из столовой доносились голоса. Анна Григорьевна торопила Маланью: Владимир Иваныч встал от послеобеденного сна и сердился, что еще нет самовара.

Ванда порывисто отодвинула стул и пошла в столовую. Смуглое лицо ее было так бледно, что полные щеки казались опавшими за эти сутки. Глядя перед собой остановившимися глазами, она подошла к Анне Григорьевне и тихо сказала:

— Анна Григорьевна, у меня сосет под ложечкой.

— Что такое еще? — нетерпеливо спросила недослышавшая Анна Григорьевна.

— Под ложечкой... сосет... червяк, — упавшим голосом говорила Ванда.

— А ну тебя, дура! — сердито крикнула Анна Григорьевна. — Возись тут с тобой, — только мне и дела!

— Ого! червяк! — торжествуя, закричал Владимир Иваныч.

Он залился грохочущим хохотом, неистово восклицая:

— Сосет, ясен колпак! Доехал-таки я тебя! Володька Рубоносов не дурак!

Привлеченные хохотом, девочки прибежали в столовую. Хохот разгульно разливался вокруг Ванды. У нее закружилась голова. Она присела на стул и покорно и безнадежно глотала какое-то невкусное лекарство, которое наскоро смастерила ей Анна Григорьевна.

Она видела, что никто ее не жалеет и никто не хочет понять, что с ней делается.

XII

Ночью Ванда не может уснуть. Червяк угнездился под сердцем и сосет беспрерывно и мучительно. Ванда приподнялась, опираясь локтем на подушку. Одеяло скатилось с ее плеч. В слабом свете предпраздничной лампады слабо белела рубашка Ванды, смуглели ее голые руки, и испуганно горели на бледном лице черные широкие глаза. Боль становилась, казалось Ванде, нестерпимой. Она тихонько заплакала. Но она не смела разбудить Анну Григорьевну. Смутная боязнь людской враждебности мешала ей звать на помощь. Она прильнула лицом к подушке, чтоб заглушить звуки своего плача. Но рыдания теснили ее грудь. В спальне раздавалось тихое, но отчаянное аханье плачущей девочки.

— Что мне делать? — тихонько и горестно восклицала Ванда. — И чему я радовалась, дура какая! Что урок-то вызубрила? О, боже мой! Неужели же погибать из-за разбитой чашки!

28

Ванда встала с постели. Девочки спали, — слышалось их мерное, глубокое дыхание. Ванда стала на колени перед своим образком, прикрепленным к изголовью кровати. Она молилась, складывая руки на груди и тихонько шепча дрожащими пересыхающими губами слова отчаяния и надежды. Увлекшись, она начала шептать погромче и всхлипывать. Саша заворочалась на постели и залепетала что-то. Ванда испуганно притихла, присела на коленях и тревожно ждала. Все опять было тихо, никто не проснулся.

Ванда молилась долго, но молитва не успокоила ее. Тишина и сумрак враждебно отвечали ее молитве. Ванде казалось, что кто-то тихий проходит близко, что-то движется и тайно веет, — но все это идет мимо нее с чарами и властью, и до нее никому нет дела. Одна, потерянная в чужом краю, никому она не нужна. Кроткий ангел пролетает над ней к счастливым и кротким, — и не приникнет к ней.

XIII

Проходили томительные дни и страшные ночи. Ванда быстро худела. Ее черные глаза, оттененные теперь синими пятнами под ними, были сухи и тревожны. Червяк грыз ее сердце, и она порою глухо вскрикивала от мучительной боли. Было страшно, и трудно дышалось, так трудно, кололо в груди, когда Ванда вздыхала поглубже.

Но она уже не смела просить помощи. Ей казалось, что все здесь за червяка и против нее.

Ванда ясно представляла своего мучителя. Прежде он был тоненький, серенький, со слабыми челюстями; он едва двигался и не умел присасываться. Но вот он отогрелся, окреп, — теперь он красный, тучный, он беспрерывно жует и неутомимо движется, отыскивая еще неизраненные места в сердце.

Наконец Ванда решила написать отцу, чтоб ее взяли. Надо было писать тайком.

Улучив минуту, Ванда подошла к столу Рубоносова, вытащила из-под мраморного пресса, в виде дамской ручки, конверт и спрятала его в карман. В это время услышала она легкие шаги. Она вздрогнула, как пойманная, и неловко отскочила от стола. Проходила Женя. Ванда не могла решить,

29

видела ли Женя, что она взяла конверт. Сидя за уроками, она внимательно посматривала на Женю. Но Женя углубилась в свои книги.

"Конечно, она не видела, — сообразила Ванда, — а то сейчас бы наябедничала".

Ванда писала письмо, прикрывая его тетрадями. Приходилось беспрестанно отрываться, — проходила Анна Григорьевна, смотрели подруги. Вот что она писала.

"Милые папа и мама, возьмите меня, пожалуйста, домой. В меня вполз червяк, и мне очень худо. Я разбила, шаливши, чашку Владимира Ивановича, и он сказал, что вползет червяк, и в меня вполз червяк, и если вы меня не возьмете, то я умру, и вам будет меня жалко. Пришлите за мной поскорее, я дома поправлюсь, а здесь я не могу жить. Пожалуйста, возьмите меня хоть до осени, а я сама буду учиться и потом поступлю в четвертый класс, а если вы не возьмете, то червяк изгложет мне сердце, и я скоро умру. А если вы меня возьмете, то я буду учить Лешу читать и арифметике. Извините, что я не наклеила марки, у меня нет денег, а у Анны Григорьевны я не смею спросить. Целую вас, милые папа и мама, и братцев и сестриц, и Полкана. Ваша Ванда.

А я не ленилась, и у меня хорошие отметки".

Между тем Женя отправилась к Анне Григорьевне и принялась шепотом рассказывать ей что-то. Анна Григорьевна слушала молча и сверкала злыми глазами. Женя вернулась и с невинным видом принялась за урок.

Ванда надписывала конверт. Вдруг ей стало неловко и жутко. Она подняла голову, — все подруги смотрели на нее с тупым, странным любопытством. По их лицам было видно, что есть еще кто-то в комнате. Ванде сделалось холодно и страшно. С томительной дрожью обернулась она, забывая даже прикрыть конверт.

За ее спиной стояла Анна Григорьевна и смотрела на ее тетради, из-под которых виднелось письмо. Глаза ее злобно сверкали, и клыки страшно желтели во рту под губой, вздрагивавшей от ярости.

XIV

Ванда сидела у окна и печально глядела на улицу. Улица была мертва, дома стояли в саванах из снега. Там, где на снег падали лучи заката, он блестел пышно и жестоко, как серебряная парча нарядного гроба.

Ванда была больна, и ее не пускали в гимназию. Исхудалые щеки ее рдели пышным неподвижным румянцем. Беспокойство и страх томили ее, робкое бессилие сковывало ее волю. Она привыкла к мучительной работе червяка, и ей было все равно, молчит ли он или грызет ее сердце. Но ей казалось, что кто-то стоит за ней, и она не смела оглянуться. Пугливыми глазами глядела она на улицу. Но улица была мертва в своем пышном глазете.

А в комнате, казалось ей, было душно и мглисто пахло ладаном.

XV

Был яркий солнечный день. Но больная Ванда лежала в постели. Ее перевели в другую комнату, где стояла только ее кровать. Пахло лекарствами. Страшно исхудалая, лежала Ванда, выпростав из-под одеяла бессильные руки. Она безучастно озирала новые, но уже постылые стены. Мучительный кашель надрывал быстро замиравшую детскую грудь. Неподвижные пятна чахоточного румянца ярко пылали на впалых щеках; их смуглый цвет принял восковой оттенок. Жестокая улыбка искажала ее рот, — он от страшной худобы лица перестал плотно закрываться. Хриплым голосом лепетала она бессвязные, нелепые слова.

Ванда уже не боялась этих чужих людей, — им было страшно слышать ее злые речи. Ванда знала, что погибает.

Баранчик

I

В деревне Хотимирицы на пророка Илию праздновали. Со всей округи сходились и съезжались гости, и ели и пили, и пировали и день, и два, и три, переходя из дома в дом.

Хозяйственный мужик Влас готовился загодя, — наварил пива, накупил водки, зарезал барана.

Когда он взял нож и пошел резать барана, его дети, Аниска и Сенька, пошли за ним, стали близко и смотрели. Аниске доходил пятый год, Сеньке начинался четвертый, — все-то им было вновь, все-то их забавляло.

Баран был весь белый, — и волосенки у ребят были белые. Ребята стояли, взявшись за руки, и дивились, и таращили светлые глазенки. Баран заблеял, кровь полилась, красная да широкая, — страсть, как весело!..

Дети, лепеча и толкаясь, мешали отцу. Он прикрикнул на них, — и ребятишки смеючись побежали прочь.

II

Отец ушел в поле, мать по дому хлопотала, дети играли себе на дворе. И сказала Аниска Сеньке:

— Сенька, а Сенька? Давай играть в баранчика.

Засмеялся Сенька, говорит, — а сам еще и выговорить чисто не умеет:

— Давай, — говорит, — пусть я баранчиком буду.

— Ну, ладно, — говорит Аниска, — ты пусть баранчиком будешь, а я тебя по горлышку ножиком чик-чик.

— А кровь пойдет? — спросил Сенька, — красная, широкая?

— Пойдет, — сказала Аниска.

И оба засмеялись, зарадовались.

— А ножик где мы возьмем? — спросил Сенька.

— Как-никак разживемся, — отвечала Аниска, — у мамки скрадем.

Тихохонько пробрались ребятки в избу, — а матери ни к

32

чему, знай себе дрова в печь накладывает, жарево всякое, да пироги жданые про гостей готовить хочет. Стащили ребята нож, большой, большой, каким хлебы рушат, — а мать и не видит, до ребят ли ей.

Побежали дети во двор, забились в угол.

— Ну, режь скорее, — лепечет Сенька.

Сам заблеял, таково жалобно, словно баранчик, — сам засмеялся, и сестренку насмешил. И взяла его Аниска за плечи, опрокинула на спину, повалила на землю, — все блеял Сенька.

Полоснула Аниска ножом по Сенькину горлу. Затрепыхался Сенька, захрипел. Кровь, — широкая, красная, — хлынула на его белую рубашонку и на Анискины руки. Кровь была теплая да липкая, Сенька затих.

— Баранчик, баранчик! — закричала Аниска, и засмеялась.

А самой с чего-то холодно стало.

— Ну, вставай, что ли, Сенька! — закричала она, — будет.

Не хотел Сенька вставать, и кровь уже не текла, и слиплись Анискины руки. Сенька лежал, скорчившись, и все молчал, — страшно стало Аниске, побежала она от Сеньки.

Шмыгнула в избу, от матери прячется, полезла в печку, — а сердце-то у нее в груди тяжелое. Забралась Аниска в печку на дрова, сидит, молчит, вся дрожит. Страх на нее напал и тоска, и не поймет Аниска, что такое сталось.

Начала мать затоплять печку, — ничего не слышит Аниска, сидит, не подает голосу. Тяжко да быстро бьется маленькое сердце, ничего не видит Аниска тоскливыми глазами.

Дрова плохо разгорались, пошел дым, наполнил всю печку, задушил Аниску.

III

И вознеслись к Господним райским вратам Сенькина душа и Анискина душа. Смутились ангелы, и проливали они слезы, светлые, как звезды, и не знали, что им делать. Предстал перед Господом Анискин ангел и с великим сокрушением воззвал:

— Господи, врагу ли отдадим младенца с окровавленными руками?

Искушая ангела, спросил Господь:

— На ком же та невинная кровь?

Отвечал ангел:

— Да будет на мне, Господи.

И сказал ему Господь:

— Проливающее кровь искуплены Моею кровью, и научающие пролитию крови искуплены Мною, и тяжкою скорбию приобщаю людей к искуплению Моему.

Тогда впустили ангелы Аниску и Сеньку в обители светозарные и в сады благоуханные, где на тихих травах мерцают медвяные росы и в светлых берегах струятся отрадные воды.

Лелька

Вечерело. Я шел за город побродить на берегах нашей мелкой, порожистой реки. В старину она была многоводна, пролегал по ней великий путь из Чуди в Русь, — а теперь она давно ух обмелела, сжалась в своем широком русле, как червяк на зеленом листе, и затихла, — и сжался, затих и приуныл над ее берегом, извилистым и крутым, когда-то богатый город Тихий-Омут.

Вечер стоял тихий, теплый, благоухающий свежими веяниями не жаркого лета, полный очарования, как нежная колыбельная песенка. Солнце было уже низко: багряно-желтый круг его почти касался мглисто-синей черты горизонта; темно-лиловые тучки с золотыми краями были разбросаны по розовому небу заката. Все небо заливали восхитительно мягкие переливы голубых, алых и палевых оттенков; узкие полоски тонких облачков желтели и белели на нем, как прилипшие к нарядному платью засохшие стебли. Прощальные солнечные лучи убирали в пурпур бедные городские лачуги. Серая пыль иногда подымалась от набегавшего ветра, влеклась по немощеным улицам, и тихонько ложилась на землю.

Я вышел на обрывистый берег реки. Откосы другого берега начинали терять свои ярко-пунцовые краски; только верхи крутых обрывов еще сверкали темно-красною, как медь, глиною. Внизу слегка дымился туман, еще почти не видный, заметный лишь по тому, как скрадывались им очертания берега: словно прильнула река близко-близко к обрывистым берегам, и, тая, целовала их, и таял угрюмый берег, целуя журчащую воду.

Глинистая тропинка бежала между откосами берега и широкими полями. Кусты ползли вниз по откосам, цепляясь за землю изогнутыми ветвями и схватываясь ими друг с другом, словно сгорбленные старушки, тихо ползущие в гору. Становилось в воздухе свежее.

Берег понижался. В прозрачной полумгле, которую ласково бросали на меня ивы с пониклых ветвей своих, меня обнимала нежная прохлада; воздух вливался в грудь, как сладкий напиток, возбуждающий трепет сил и жажду жизни, навевающий отрадные мечтания. Легкая задумчивость овладела мною.

Вдруг услышал я детский голос, звонко и отчетливо выговаривающий стихи:

Не знаю отчего, но на груди природы,
Лежит ли предо мной полей немая даль,
Колышет ли залив серебряные воды.
Иль простилает лес задумчивые своды,
В душе моей встает неясная печаль...

А вот и он, маленький чтец. Лицом к реке, под ивою, прислонясь к ее стволу спиною и рассеянно глядя вдаль, сидел тоненький мальчик в ситцевой рубахе и помятой шапке. Ему по лицу можно было дать лет тринадцать; он был, очевидно, мал для своего возраста. На бледном, нервно-подвижном лице, слегка смуглом и загорелом мечтательно теплились кроткие карие глаза. Так они пристально смотрели куда-то далеко, что мальчик и не видел меня, даже когда совсем близко подошел я к нему.

Он говорил стихи на память, и, сложив руки на коленях, слегка покачивался взад и вперед. Говорил он их задушевно и просто, как будто это были не чужие для него слова. Было так странно видеть этого босого мальчугана, который читает стихи, вряд ли ему вполне ясные.

Она — всегда немая Галатея,
А я — страдающий, любя, Пигмалион...

— закончил мальчик и повел вперед сжатыми руками.

Я молча стоял сбоку, немного позади его. Он повернулся, бросил на меня рассеянный взгляд, приметил меня и быстро вскочил на ноги.

— Хорошо ты читаешь, молодец! — сказал я.

Он покраснел и молчал. Видно было, что ему хочется уйти. Но я решил как-нибудь удержать его. Невдалеке от реки я заметил небольшой домик, старенький, погнувшийся, с небольшими, тусклыми окнами.

— Ты не здесь ли живешь? — спросил я, показывая на эту лачугу.

— Да, — тихо ответил мальчик.

Это был самый крайний дом подгородной слободы Подолешья, населенный бедным людом. На плетне, которым обнесен был двор, я увидел растянутые сети. У берега виднелась лодка, привязанная не прочною, с узлами, бечевкою к тому дереву, под которым мы стояли.

— А это — твоя лодка? — спросил я.

— Отцова, — ответил мальчик.

— А ты с нею справишься? Мальчуган легонько усмехнулся.

— Справлюсь, что ж, — сказал он.

— Так прокати меня по реке. Я тебе заплачу, — сказал я. Мальчик глянул на меня и ответил:

— Ладно, вот только у отца спрошусь.

Он побежал в избу. Через минуту на пороге ее показался хозяин, — маленький, тощий человек с мочальною бородкою и смирною улыбкою на бледном лице. Он подошел ко мне, кланяясь с некоторым подобострастием. Я и ему сказал, чего хочу. Он вызвался сам сесть со мною. Я отказался.

— Справимся с мальчуганом, — сказал я.

Тогда он суетливо задвигался по двору, покрикивая на сына:

— Ну живей, живей, Лелька, пошевеливайся.

Лелька побежал в сарай за веслами, потом в избу, собрался в миг, — и выбежал ко мне. Вот уселись мы вдвоем на узеньких и неудобных беседочках лодки; вода тихо зашумела под веслами. Мы плыли вниз по течению.

Я скоро взял у мальчика весла, и стал посреди лодки. Мальчик не обнаруживал большой охоты говорить, и вначале только отвечал на вопросы. Но мало-помалу мы разговорились.

— Любишь ты стихи? — спросил я.

— Люблю, — ответил он, слегка краснея, и прибавил вдруг, засмеявшись и весело взмахнув головою: — я много стихов знаю.

— Учишься где-нибудь? — опять спросил я.

— Учусь, как же, — в городское училище хожу. Прежде ходил в приходское. Кончил там, — отец меня сперва хотел к сапожнику отдать в ученье,— а я ему говорю: я лучше, говорю, в городское училище поступлю, там тоже мастерская есть. Ну отец и согласился. Я в поступил в училище, и в столярную стал тоже ходить, у нас при училище есть столярная. Теперь еще два года остается.

Меж тем вечерняя мгла сгущалась внизу, и только на небе еще теплились розоватые потухающие отблески догоравшего дня. Плеск весел по воде раздавался мягко и звучно. Было тихо, — мы тихо разговаривали, берега медленно двигались, течение несло нас вперед.

Берега раздвинулись, река разлилась вдвое шире, заструилась ленивей и глаже; перед нами легла сероватая гряда камней, мельничная запруда. Все слышнее и слышнее доносилось до нас журчание воды, которая, лениво переливаясь через плотину, падала на фашинник и камни. Мы подъехали близко к запруде, — и повернули назад. Опять береговые тени побежали навстречу взмахам весел.

Я попросил мальчика прочесть мне еще какие-нибудь стихи. Он сперва застыдился, но потом все-таки прочел мне два стихотворения, — из Лермонтова и Некрасова. Мне стало грустно; рассеянно слушая, вспоминал я, что все подростки, все юноши, которых я встречал, предпочитали стихи с печальным содержанием.

Он помолчал.

— А вот, я вам еще скажу стихи, — промолвил он, слегка дрогнувшим голосом, почему-то смущаясь больше прежнего.

— Прочти, милый, — сказал я, — ты хорошо читаешь. Он сказал незнакомое мне стихотворение. Сначала голос его был робок и тих, но мальчик быстро справился со своим волнением. Стихи были слабы по форме, но подкупали искренностью и

свежестью чувства.

— Чьи же это стихи? — спросил я, когда он кончил. Мальчик покраснел, замялся, поежился и сказал тихонько:

— Мои. Самодельные, — прибавил он, и глянул на меня смущенными и смеющимися глазами.

— Вот как! — сказал я с удивлением, — так ты, брат, сочинитель!

— Да. Только вы отцу не сказывайте, что я вам читал.

— А что?

— Да уж так. Пожалуй, опять достанется.

— А уж доставалось?

Мальчик помолчал немного, — и начал рассказывать по порядку:

— Сочинять-то стихи я давно начал, а только показать их некому было. Вот в прошедшую зиму я и надумал, дай, думаю, покажу их учителю. Ну, он прочел, — ничего, похвалил, — говорит, надо работать, ты, говорит, можешь научиться хорошие стихи писать. Стал мне книжки давать. Вот от него и другие наши учителя узнали. Ну, вот, раз и вышло так, что меня батюшка по священной истории урок отвечать вызвал, а я не выучил в тот раз. И совсем не от стихов, а вовсе другая причина была. А батюшка и говорит: ты, говорит, только стихи сочиняешь, а уроков не учишь; еще и на нас, может быть, спасквили пишешь, говорит; погоди, говорит, вот я уже твоему отцу скажу. Отец у него печи тогда как раз чинил. Вот батюшка ему в тот же день на меня нажаловался.

Он опять помолчал, внимательно посмотрел на меня, и продолжал:

— Ну, мне от отца шибко попало. Взялся, говорит учиться, — это отец мне говорит, — так учись, а глупостями не занимайся. Денег-то у меня нет, говорит, шальных, чтобы Ты попусту в школе околачивался, к шорнику, говорит, отдам в ученье, коли еще чуть что. А коли в школу, говорит, хочешь ходить, так о пустяках и не думай. И взял все мои тетрадки со стихами, да и пожег.

Он досадливо и стыдливо нахмурился при этих словах: видно было, что он сильно жалел об этих пожженных тетрадках.

— Так как же ты теперь? — спросил я.

— А теперь я потихоньку пишу, и никому не показываю. Становилось все темнее, надвигалась ночь. Мне было грустно и странно смотреть на этого мальчика. Что из него выйдет? Мечта представляла мне угол сарая, полуосвещенный отблесками тонких солнечных лучей, пыльными спицами бегущих из многочисленных щелей в стенах и в потолке; там, на сене, мальчик с пылающим лицом и с блестящими глазами; в руках у него карандаш и тетрадка; взволнованно дышит грудь, озабоченное лицо выдает тайну недетского напряжения мысли. Не преждевременно ли это напряжение? Не бесплодно ли оно? Или и точно это сила, стремящаяся найти себе исход в свободной деятельности, — сила, которая победит препятствия?

Лодка причалила к берегу возле городского бульвара. Я молча вышел из лодки на шаткие доски, прилаженные для прачек, и опустил в Лелькину руку две серебряные монеты. Он весело поблагодарил меня, сунул деньги, не поглядев на них, в карман, уселся, и веслом отпихнул от берега лодку. Плеснули весла, жалобно заропотали речные струи, плещась и разбегаясь, и повлекли за собою, в мглистый туман, остроносый челнок.

— Покойной ночи, — крикнул мне Лелька с реки, заметив, что я еще стою на берегу.

Звонкий голосок пронесся в ночной тишине, словно бряканье колокольчика, разбудил где-то далеко слабый и короткий отголосок, — и затих. И скоро затихли в отдалении мерные всплески весел.

Красота

I

В строгом безмолвии вечереющего дня Елена сидела одна, прямая и неподвижная, положив на колени белые, тонкие руки. Не наклоняя головы, она плакала; крупные, медленные слезы катились по ее лицу, и темные глаза ее слабо мерцали.

Нежнолюбимую мать схоронила она сегодня, и так как шумное горе и грубое участие людское были ей противны, то она на похоронах, и раньше, и потом, слушая утешения, воздерживалась от плача. Она осталась наконец одна, в своем белом покое, где все девственно чисто и строго,— и печальные мысли исторгли из ее глаз тихие слезы.

Еленино платье, строгое и черное, лежало на ней печально,— как будто, облекая Елену в день скорби, не могла равнодушная одежда не отражать ее омраченной души. Елена вспоминала покойную мать,— и знала, что прежняя жизнь, мирная, ясная и строгая, умерла навсегда. Прежде чем начнется иное, Елена холодными слезами и неподвижной грустью поминала прошлое.

Ее мать умерла не старая. Она была прекрасна, как богиня древнего мира. Медленны и величавы были все ее движения. Ее лицо было как бы обвеяно грустными мечтами о чем-то навеки утраченном или о чем-то желанном и недостижимом. Уже на нем давно, предвещательница смерти, ложилась темная бледность. Казалось, что великая усталость клонила к успокоению это прекрасное тело. Белые волосы между черными все заметнее становились на ее голове, и странно было Елене думать, что ее мать скоро будет старухой...

Елена встала, подошла к окну и медленно отодвинула тяжелый занавес, чтобы рассеять сумерки, которых она не любила. Но и оттуда, извне, томил ее взоры серый и тусклый полусвет,— и Елена опять села на свое место и терпеливо ждала черной ночи и плакала медленными и холодными слезами.

И наконец настала ночь, в комнату принесли огонь, и Елена снова подошла к окну. Густая темнота окутывала улицу. Бедные и грубые предметы скучной обычности скрывались в черном покрове ночи,— и было что-то торжественное в этой печальной черноте. Против окна, у которого стояла Елена, слабо виднелся, на другой стороне улицы, при свете редких фонарей, маленький, кирпично-красный дом кузнеца. Фонари стояли далеко от него,— он казался черным.

Вдруг из раскрытой кузницы к воротам пронеслась медленно громадная красная искра, и мрак вокруг нее словно сгустился,— это кузнец пронес по улице кусок раскаленного железа. Внезапная зажглась радость в Елениной душе и заставила Елену тихо засмеяться,— в просторе безмолвного покоя пронесся звонкий и радостный смех.

И когда прошел кузнец и скрылась красная в черном мраке искра,— Елена удивилась своей внезапной радости и удивилась тому, что она все еще нежно и трепетно играет в ее душе. Почему возникает, откуда приходит эта радость, исторгающая из груди смех и зажигающая огни в глазах, которые только что плакали? Не красота ли радует и волнует? И не всякое ли явление красоты радостно?

Мгновенная пронеслась она во мраке, рожденная от грубого вещества, и погасла, как и надлежит являться и проходить красоте, радуя и не насыщая взоров своим ярким и преходящим блеском...

Елена вышла в неосвещенный зал, где слабо пахло жасмином и ванилью, и открыла рояль; торжественные и простые мелодии полились из-под ее пальцев, и ее руки медленно двигались по белым и черным клавишам.

II

Елена любила быть одна, среди прекрасных вещей в своих комнатах, в убранстве которых преобладал белый цвет, в воздухе носились легкие и слабые благоухания, и мечталось о красоте так легко и радостно. Все благоухало здесь едва различными ароматами: Еленины одежды пахли розами и фиалками, драпировки — белыми акациями; цветущие гиацинты разливали свои сладкие и томные запахи. Было много книг,— Елена читала много, но только избранные и строгие творения.

С людьми Елене было тягостно,— люди говорят неправду, льстят, волнуются, выражают свои чувства преувеличенным и неприятным способом. В людях много нелепого и смешного: они подчиняются моде, употребляют зачем-то иностранные слова, имеют суетные желания. Елена была сдержанна с людьми и не могла любить ни одного из тех, кого встречала. Одна только была, которая стоила любви, мать,— потому что она была спокойная, прекрасная и правдивая. Елена хотела бы, чтобы и все люди стали когда-нибудь такими же, чтобы они поняли, что одна есть цель в жизни — красота, и устроили себе жизнь достойную и мудрую...

Горели лампы,— их свет разливался неподвижно-ясно и бело. Пахло розой и миндалем. Елена была одна.

Она замкнула дверь на ключ, зажгла перед зеркалом свечи и медленно обнажила свое прекрасное тело.

Вся белая и спокойная стояла она перед зеркалом и смотрела на свое отражение. Отсветы от ламп и от свеч пробегали по ее коже и радовали Елену. Нежная, как едва раскрывшаяся лилия с мягкими, еще примятыми листочками, стояла она, и безгрешная алость разливалась по ее девственному телу. Казалось, что сладкий и горький миндальный запах, веющий в воздухе, исходит от ее нагого тела. Сладостное волнение томило ее, и ни одна нечистая мысль не возмущала ее девственного воображения. И нежные грезились ей, и безгрешные поцелуи, тихие, как прикосновение полуденного ветра, и радостные, как мечты о блаженстве.

Радостна была для Елены обнаженная красота ее нежного тела,— Елена смеялась, и тихий смех ее звучал в торжественной тишине ее невозмутимого покоя.

Елена легла грудью на ковер и вдыхала слабый запах резеды. Здесь, внизу, откуда странно было смотреть на нижние части предметов, ей стало еще веселей и радостней. Как маленькая девочка, смеялась она, перекатываясь по мягкому ковру.

III

Много дней подряд, каждый вечер, любовалась Елена перед зеркалом своей красотой,— и это не утомляло ее. Все бело в ее горнице,— и среди этой белизны мерцали алые и желтые тоны ее тела, напоминая нежнейшие оттенки перламутра и жемчуга.

Елена поднимала руки над головой и, приподнимаясь, вытягивалась, изгибалась и колебалась на напряженных ногах.

Нежная гибкость ее тела веселила ее. Ей радостно было смотреть, как упруго напрягались под нежной кожей сильные мускулы прекрасных ног.

Она двигалась по комнате, нагая, и стояла, и лежала, и все ее положения, и все медленные движения ее были прекрасны. И она радовалась своей красоте, и проводила, обнаженная, долгие часы,— то мечтая и любуясь собой, то прочитывая страницы прекрасных и строгих поэтов...

В чеканной серебряной амфоре белела благоуханная жидкость: Елена соединила в амфоре ароматы и молоко. Елена медленно подняла чашу и наклонила ее над своей высокой грудью. Белые, пахучие капли тихо падали на алую, вздрагивающую от их прикосновения, кожу. Запахло сладостно ландышами и яблоками. Благоухания обняли Елену легким и нежным облаком...

Елена распустила длинные черные волосы и осыпала их красными маками. Потом белая вязь цветов поясом охватила гибкий ее стан и ласкала ее кожу. И прекрасны были благоуханные эти цветы на обнаженной красоте ее благоуханного тела.

Потом она сняла с себя цветы и опять собрала волосы высоким узлом, облекла свое тело тонкой одеждой и застегнула ее на левом плече золотой пряжкой.

Сама она сделала для себя эту одежду из тонкого полотна, так что никто еще не видел ее.

Елена легла на низкое ложе, и сладостные мечтания проносились в ее голове,— мечтания о безгрешных ласках, о невинных поцелуях, о нестыдливых хороводах на орошенных сладостной росой лугах, под ясными небесами, где сияет кроткое и благостное светило.

Она глядела на свои обнаженные ноги,— волнистые линии голеней и бедер мягко выбегали из-под складок короткого платья. Желтоватые и алые нежные тоны на коже рядом с однообразной желтоватой белизной полотна радовали ее взоры. Выдающиеся края косточек на коленях и стопах и ямочки рядом с ними все осматривала Елена любовно и радостно и осязала руками,— и это доставляло ей новое наслаждение.

IV

Однажды вечером Елена забыла запереть дверь перед тем, как раздеться. Обнаженная, она стояла перед зеркалом, подняв руки над головой.

Вдруг приотворилась дверь. В узком отверстии показалась голова,— это заглянула горничная Макрина, смазливая девица с услужливо-лукавым выражением на румяном лице. Елена увидела ее в зеркале. Это было так неожиданно. Елена не сообразила, что ей сделать или сказать, и стояла неподвижно. Макрина скрылась сейчас же, так же бесшумно, как и появилась. Можно было подумать, что она и не подходила к двери, что это только так привиделось.

Елене стало досадно и стыдно. Хотя она едва только успела бросить взгляд на Макрину, но ей уже казалось, что она видела промелькнувшую на Макринином лице нечистую улыбку. Елена поспешно подошла к двери и заперла ее на ключ. Потом она легла на низком и мягком ложе и думала печально и смутно...

Досадные подозрения раскрывались в ней... Что скажет о ней Макрина? Теперь она, конечно, пошла в людскую и там рассказывает кухарке, шепотом, с гадким смехом. Волна стыдливого ужаса пробежала по Елене. Ей вспомнилась кухарка Маланья,— румяная, молодая бабенка, веселая, с лукавым смешком...

Что же теперь говорит Макрина? Елене казалось, что кто-то шепчет ей в уши Макринины слова:

— И вижу это я сквозь щелку,— стоит барышня перед зеркалом в чем мать родила,— вся как есть совсем выпялимшись.

— Да что ты!-восклицает Маланья.

— Вот ей-Богу! — говорит Макрина.-Вся голая, и фигуряет, и фигуряет,— и этак-то повернется, и так-то...

Макрина топчется на месте, представляя барышню, и обе хохочут. Циничные, грубые слова звучали с беспощадно-гнусной ясностью; от этих слов и от грубого смеха горничной и кухарки Еленино лицо покрылось жгучим румянцем стыда и обиды.

Она чувствовала стыд во всем теле,— он разливался пламенем, как снедающая тело болезнь. Долго Елена лежала неподвижная, в каком-то странном и тупом недоумении,— потом стала медленно одеваться, хмуря брови, как бы стараясь

44

решить какой-то трудный вопрос, и внимательно рассматривая себя в зеркале.

V

В следующие за тем дни Макрина держала себя так, как будто она тогда и не видела ничего и даже не приходила,— и это ее притворство раздражало Елену. И потому уже все в Макрине, что было и раньше, но чего не замечала Елена, теперь стало ей противно. Неприятно было одеваться и раздеваться при Макрине, принимать ее услуги, слушать ее льстивые слова, которые прежде терялись в лепечущих звуках водяных струек, плещущих об Еленино тело, а теперь поражали слух.

И в первый раз, когда Макрина заговорила попрежнему, Елена вслушалась в ее слова и дала возможность своему раздражению.

Утром, когда Елена входила в ванну, Макрина, поддерживая ее под локоть, сказала со льстивой улыбкой:

— В такую милочку, как вы, кто не влюбится! Разве у кого глаз нет, тот только не заметит. Что за ручки, что за ножки!

Елена покраснела.

— Пожалуйста, перестаньте,— резко сказала она.

Макрина взглянула на нее с удивлением, опустила глаза и потом,— или это только показалось Елене?— легонько усмехнулась. И эта усмешка еще более раздражила Елену,— но уже она овладела собой и промолчала...

Упрямо, без прежнего радования, с какими-то злыми думами и опасениями Елена продолжала каждый день обнажать свое прекрасное тело и смотреть на себя в зеркало. Она делала это даже чаще, чем прежде, не только вечером, при свете ламп, но и днем, опустив занавесы. Теперь она уже не забывала опускать портьеры, чтобы не подсматривали и не подслушивали ее снаружи, и при этом стыд делал все ее движения неловкими.

Уже не таким, как прежде, прекрасным казалось теперь Елене ее тело. Она в этом теле находила недостатки,— старательно отыскивала их. Чудилось в нем нечто отвратительное,— зло, разъедающее и позорящее красоту, как

45

бы налет какой-то, паутина или слизь, которая противна и которую никак не стряхнуть.

Елене часто казалось, что на ее обнаженном теле тяжко лежат чьи-то чужие и страшные взоры. Хотя никто не смотрел на нее, но ей казалось, что вся комната на нее смотрит, и от этого ей делалось стыдно и жутко.

Было ли это днем,— Елене казалось, что свет бесстыден и заглядывает в щели из-за занавеса острыми лучами, и смеется. Вечером безокие тени из углов смотрели на нее и зыбко двигались, и эти их движения, которые производились трепетавшим светом свеч, казались Елене беззвучным смехом над ней. Страшно было думать об этом беззвучном смехе, и напрасно убеждала себя Елена, что это обыкновенные неживые и незначительные тени,— их вздрагивание намекало на чуждую, недолжную, издевающуюся жизнь.

Иногда внезапно возникало в воображении чье-то лицо, обрюзглое, жирное, с гнилыми зубами,— и это лицо похотливо смотрело на нее маленькими, отвратительными глазами.

И на своем лице Елена порой видела в зеркале что-то нечистое и противное и не могла понять, что это.

Долго думала она об этом и чувствовала, что это не показалось ей, что в ней родилось что-то скверное, в тайниках ее опечаленной души, меж тем как в теле ее, обнаженном и белом, подымалась все выше горячая волна трепетных и страстных волнений.

Ужас и отвращение томили ее.

И поняла Елена, что невозможно ей жить со всем этим темным на душе. Она думала: "Можно ли жить, когда есть грубые и грязные мысли? Пусть они и не мои, не во мне зародились,— но разве не моими стали эти мысли, как только я узнала их? И не все ли на свете мое, и не все ли связано неразрывными связями?

VI

В гостиной у Елены сидел Ресницын, молодой человек, по-модному одетый, несколько вялый, но совершенно влюбленный в себя и уверенный в своих достоинствах. Его любезности сегодня не имели никакого успеха у Елены, как и раньше, впрочем. Но прежде она выслушивала его с той общей

46

и безличной благосклонностью, которая привычна для людей так называемого "хорошего общества". Теперь же она была холодна и молчалива.

Ресницын чувствовал себя выбитым из колеи, а потому сердился и нервно играл моноклем. Он не прочь был бы назвать Елену невестой, и ее холодность казалась ему грубостью. А Елену более, чем когда-либо прежде, утомляло в его разговоре легкомысленное порхание с предмета на предмет. Она сама говорила всегда сжато и точно, и всякое многоречие людское было ей тягостно. Но люди почти все таковы,— распущенные, беспорядочные.

Елена спокойно и внимательно смотрела на Ресницына, как бы находя в нем какое-то печальное соответствие своим горьким мыслям. Неожиданно для него она спросила:

— Вы любите людей?

Ресницын усмехнулся небрежно, с видом умственного превосходства, и сказал:

— Я сам человек.

— Да себя-то вы любите?— опять спросила Елена. Он пожал своими узенькими плечами, саркастически усмехнулся и сказал притворно-вежливым тоном:

— Люди вам не угодили? Чем, позвольте спросить!

Видно было, что он чувствует себя оскорбленным за людей тем, что Елена допускает возможность и не любить их.

— Разве можно любить людей?— спросила Елена.

— Почему же нельзя?— изумленно переспросил он.

— Они сами себя не любят,— холодно говорила Елена,— да и не за что. Они не понимают того, что одно достойно любви,— не понимают красоты. О красоте у них пошлые мысли, такие пошлые, что становится стыдно, что родилась на этой земле. Не хочется жить здесь.

— Однако же вы живете здесь!— сказал Ресницын.

— Где же мне жить!— холодно промолвила Елена.

— Где же люди лучше?— спросил Ресницын.

— Да они везде одинаковы,— ответила Елена, и легкая презрительная усмешка мелькнула на ее губах.

Ресницын не понимал. Разговор этот стеснял его, казался ему неприличным и странным. Он поспешил распрощаться и уйти.

VI

Вечерело. Елена была одна.

На тихом воздухе ее покоя ванильный запах гелиотропа не смешивался с медовым ароматом черемухи и со сладкими благоуханиями роз и побеждал их.

— Построить жизнь по идеалам добра и красоты! С этими людьми и с этим телом!— горько думала Елена.— Невозможно! Как замкнуться от людской пошлости, как уберечься от людей! Мы все вместе живем, и как бы одна душа томится во всем многоликом человечестве. Мир весь во мне. Но страшно, что он таков, каков он есть,— и как только его поймешь, так и увидишь, что он не должен быть, потому что он лежит в пороке и во зле. Надо обречь его на казнь, и себя с ним.

Тоскующие Еленины глаза остановились на блестящем предмете, красивой игрушке, брошенной на стол.

— Как это просто!— подумала она.— Вот, довольно хоть бы этого ножа.

Тонкий позолоченный кинжал, из тех, которые иногда употребляются для разрезывания книг, с украшенной искусной резьбой рукоятью и с обоюдоострым лезвием, лежал на ее письменном столе. Елена взяла его в руки и долго любовалась им. Она купила его недавно, не потому, что он был ей нужен, нет, ее взоры привлек странный, запутанный узор резьбы на рукояти.

"Прекрасное орудие смерти",— подумала она и улыбнулась. Улыбка ее была спокойная и радостная, и мысли в голове у ней проходили ясные и холодные.

Она встала,— и кинжал блестел в ее опущенной, обнаженной руке, на складках ее зеленовато-желтого платья. Она ушла в свою опочивальню и на подушках, лезвием к изголовью, положила кинжал. Потом надела она белое платье, от которого томно и сладостно пахло розами, опять взяла кинжал и легла с ним на постель, поверх белого одеяла. Ее белые башмаки упирались в подножие кровати. Она полежала несколько минут неподвижно, с закрытыми глазами, прислушиваясь к тихому голосу своих мыслей. Все в ней было ясно и спокойно, и только темное томило ее презрение к миру и к здешней жизни.

И вот,— как будто кто-то повелительно сказал ей, что настал ее час. Медленно и сильно вонзила она в грудь,— прямо против ровно бившегося сердца, кинжал до самой рукояти,— и тихо умерла. Бледная рука разжалась и упала на грудь, рядом с рукоятью кинжала.

Белая собака

Так все опостылело в этой мастерской губернского захолустного города, — эти выкройки, и стук машинок, и капризы заказчиц, — в этой мастерской, где Александра Ивановна и училась, и уж сколько лет работала закройщицею. Все раздражало Александру Ивановну, ко всем она придиралась, бранила безответных учениц, напала и на Танечку, младшую из мастериц, вчерашнюю здешнюю же ученицу. Танечка сначала отмалчивалась, потом вежливым голоском и так спокойно, что все, кроме Александры Ивановны, засмеялись, сказала:

— Вы, Александра Ивановна, сущая собака. Александра Ивановна обиделась.

— Сама ты собака! — крикнула она Танечке. Танечка сидела и шила. Отрывалась время от времени от работы и говорила спокойно и неторопливо:

— Завсегда лаетесь... Собака вы и есть... У вас и морда собачья... И уши собачьи... И хвост трепаный... Вас хозяйка скоро выгонит, так как вы и есть самая злющая собака, пес барбос.

Танечка была молоденькая, розовенькая, пухленькая девушка с невинным, хорошеньким, слегка хитреньким личиком. Смотрела такою тихонькою, одета была как девочка ученица, сидела босая, и глазки у нее были такие ясные, и бровки разбегались веселыми и высокими дужками на ровно изогнутом, беленьком лбу под гладко причесанными темно-каштановыми волосами, которые издали казались черными. Голосок у Танечки был звонкий, ровный, сладкий, вкрадчивый, — и если бы слушать только звуки, не вслушиваясь в слова, то казалось бы, что она говорит любезности Александре Ивановне.

Другие мастерицы хохотали, ученицы фыркали, закрываясь черными передниками и опасливо посматривая на Александру Ивановну, — а Александра Ивановна сидела багровая от ярости.

Дрянь, — вскрикивала она, — я тебя за уши выдеру! Я тебе все волосы повытаскаю!

Танечка отвечала нежным голоском:

— Лапки коротенькие... Барбос лается и кусается... Намордничек надо купить.

Александра Ивановна бросилась к Ганечке. Но, прежде чем

50

Танечка успела положить шитье и встать, вошла хозяйка, грузная, широкая, шумя складками лилового платья. Строго сказала:

— Александра Ивановна, что это вы скандалите!

Александра Ивановна взволнованным голосом заговорила:

— Ирина Петровна, что же это такое! Запретите ей меня собакою называть!

Танечка жаловалась:

— Излаяла ни за что, ни про что. Всегда по пустякам ко мне придирется и лается.

Но хозяйка посмотрела строго и на нее и сказала:

— Танечка, я тебя насквозь вижу. Не ты ли и начинаешь? Ты у меня не воображай, что уж если ты мастерица, так и большая. Как бы я твою маменьку не пригласила, по старой памяти.

Танечка багряно вспыхнула, но продолжала сохранять невинный и ласковый вид. Смиренно сказала хозяйке:

— Простите, Ирина Петровна, больше не буду. Только я и то стараюсь их не задевать. Да уж они очень строгие, слова им не скажи, сейчас — я тебя за уши. Такая же мастерица, как и я, а ух я им из девчонок вышла.

— Давно ли, Танечка? — спросила хозяйка внушительно, подошла к Танечке, — и в затихшей мастерской послышались две звонкие пощечины и Танечкин слабый вскрик:

— Ах! ах!

Почти больная от злости вернулась домой Александра Ивановна. Танечка угадала ее больное место.

"Ну, собака, и пусть собака, — думала Александра Ивановна, — а ей-то что за дело? Ведь я не разведываю, кто она, змея или там лисица, что ли, — и не подсматриваю, не выслеживаю, кто она. Татьяна, и дело с концом. Обо всех можно узнать, а только зачем ругаться? Чем собака хуже кого другого?"

Летняя светлая ночь томилась и вздыхала, вея с ближних полей на мирные улицы городка истомою и прохладою. Луна поднялась, ясная, полная, совсем такая же, как и тогда, как и там, над широкою, пустынною степью, родиною диких, рыкающих на воле, и воющих от древней земной тоски. Такая же, как и тогда, как и там.

И так же, как тогда, горели тоскующие глаза, и тоскливо сжималось дикое, не забывшее в городах о степных просторах сердце, и мучительным желанием дикого вопля сжималось горло.

Начала было раздеваться, да что! все равно не уснуть.

Пошла из дверей. В сенях теплые под босыми ногами шатались и скрипели доски сорного пола, и какие-то щепочки да песчинки весело и забавно щекотали кожу ног.

Вышла на крыльцо. Бабушка Степанида сидела, черная в черном платке, сухая и сморщенная. Нагнулась, старая, и казалось, что греется в лунных, холодных лучах.

Александра Ивановна села рядом с нею, на ступеньки крыльца. Смотрела на старуху сбоку. Большой, загнутый старухин нос казался ей клювом старой птицы.

"Ворона?" — подумала Александра Ивановна.

Улыбнулась, забывая тоску и страх. Умные, как у собаки, глаза ее засветились радостью угадки. В бледно-зеленом свете луны разгладившиеся морщинки ее увядшего лица стали вдруг невидны, и она опять сделалась молодою, веселою и легкою, как десять лет тому назад, когда луна еще не звала ее лаять и выть по ночам у окон темной бани.

Она подвинулась ближе к старухе и ласково сказала:

— Бабушка Степанида, а что я у вас все хочу спросить?

Старуха повернула к ней темное лицо с глубокими морщинами, и резким старческим голосом спросила, точно каркнула:

— Ну что, красавица? Спрашивай.

Александра Ивановна тихонько засмеялась, дрогнула тонкими плечами от вдруг пробежавшего по спине холодка и говорила очень тихо:

— Бабушка Степанида, сдается мне, — правда ли это, нет ли? — ух не знаю, как и сказать, — да вы, бабушка, не обидьтесь, — я ведь не со зла...

— Ну, ну, говори, не бойся, милая, — сказала старуха. Глядела на Александру Ивановну яркими, зоркими глазами. Ждала. И опять заговорила Александра Ивановна:

— Сдается, мне, бабушка, — уж вы, право, не обидьтесь, — что будто бы вы, бабушка, ворона.

Старуха отвернулась, и молчала, качая головою. Казалось, что она припоминала что-то. Голова ее с резко очерченным носом клонилась и качалась, и казалось порою Александре Ивановне, что старуха дремлет. И дремлет, и шепчет что-то себе под нос. Качает головою и шепчет древние, ветхие слова. Чародейные слова...

Было тихо на дворе, ни светло, ни темно, и все вокруг казалось завороженным беззвучным шептанием древних, вещих слов. Все томилось и млело, и луна сияла, и тоска опять сжимала сердце, и было все ни сон, ни явь. Тысячи запахов, незаметных днем, различались чутко, и напоминали что-то древнее, первобытное, забытое в долгих веках.

Еле слышно бормотала старая:

— Ворона и есть. Только крыльев у меня нету. И я каркаю, и я каркаю, а им и горя мало. А мне дадено предвиденье, и не могу я, красавица, -не каркать, да людишки-то и слушать меня не хотят. А я как увижу обреченного, так и хочется мне каркать, и хочется.

Старуха вдруг широко взмахнула руками и резким голосом крикнула дважды:

— Кар, кар!

Александра Ивановна дрогнула. Спросила:

— Бабушка, кому каркаешь? Ответила старая:

— Тебе, красавица, тебе.

Жутко стало сидеть со старухою. Александра Ивановна ушла к себе. Села под открытым окном. Слушала, — за воротами сидели двое и говорили.

— Воет и воет, — слышался низкий и злой голос.

— А ты, дядя, видел? — спросил сладенький тенорок. Александра Ивановна сразу по этому тенорку представила кудреватого, рыжеватого, весноватого парня, — здешний, с этого же двора.

Прошла минута тусклого молчания. И вдруг послышался сиплый и злой голос:

— Видел. Большая. Белая. У бани лежит, и на луну воет. Опять представила по голосу черную бороду лопатою, низкий плотный лоб, свиные глазки, расставленные толстые ноги.

— Чего же она воет, дядя? — спросил сладкий. И опять не сразу ответил сиплый:

— Не к добру-И откуда взялась, не знаю.

— А ежели, дядя, она — оборотень? — спрашивал сладкий.

— А не оборачивайся, — ответил сиплый.

Непонятно было, что значили эти слова, — но не хотелось думать о них. И уже не хотелось прислушиваться к ним. И что же ей звук и смысл людских слов!

Луна смотрела прямо в лицо, и настойчиво звала, и томила. И тусклою сжималось сердце тоскою, — и не усидеть было на месте.

Александра Ивановна поспешно разделась. Нагая, белая, тихо вышла в сени, приоткрыла наружную дверь, — на крыльце и на дворе никого не было, — пробежала двором, огородом, добежала до бани. Резкое ощущение холода в теле и холодной земли под ногами веселило. Но скоро тело угрелось.

Легла на траву, на живот. Приподнялась на локтях,

подняла лицо к бледной, мертво-тоскующей луне, и протяжно завыла.

— Слышь, дядя, завыла, — сказал у ворот кудреватый. Сладенький тенорок трусливо дрожал.

— Завыла, проклятая, — неторопливо отозвался сиплый и злой. Встали со скамьи. Щелкнула щеколда у калитки. Тихо шли двором и огородом двое. Впереди старший, дюжий, чернобородый, с ружьем в руках. Кудреватый трусливо жался сзади. Выглядывал из-за плеча.

За банею лежала в траве большая белая собака и выла. Ее голова, черная на макушке, была поднята к ворожащей в холодном небе луне, задние лапы были странно вытянуты назад, а передние упруго и прямо упирались в землю. В бледно-зеленом и неверном озарении луны она казалась огромною, — такою огромною, каких и не бывает на свете собак, — толстою и жирною. Черное пятно, которое начиналось на ее голове и тянулось неровными извивами вдоль всей спины, казалось женскою распущенною косой. Хвоста не было видно, — должно быть, он был подвернут. Шерсть на теле была такая короткая, что собака издали казалась совсем голою, и кожа ее матово светилась в лунном свете, и похоже было на то, что в траве лежит и воет по-собачьи голая женщина.

Чернобородый прицелился. Кудреватый закрестился и забормотал что-то.

Гулко прокатился удар выстрела. Собака завизжала, вскочила на задние ноги, прикинулась голою женщиною, и, обливаясь кровью, бросилась бежать, визжа, вопя и воя.

Чернобородый и Кудреватый повалились в траву, и в диком ужасе завыли...

Земле земное

I

Сашу Кораблева, ученика городского училища, перевели в следующий класс без экзамена и даже с похвальным листом. Это его, конечно, обрадовало. И все остальное в его жизни было в это время хорошо. Не было никакой причины грустить. И о чем грустить?

Он жил со своим отцом, — мать умерла давно, он ее мало помнил. Жил он в отцовом доме, на своей родине, в небольшом городке, на окраине. Здесь Саша и родился. Дом небольшой, с огородом и садом, где много ягодных кустов и фруктовых деревьев. Недалеко, через реку, поля и лес. Отец небогат, но в доме достаток: отец — частный поверенный, дела есть, и есть скопленный для чего-то запас денег.

В жизни все было хорошо, — и солнце радовало, и зелень манила, — а собою Саша все чаще бывал недоволен. Почему, — он не знал, не мог понять, и все чаще томился.

И чем это началось? Кажется, сущими пустяками.

Отец не пошел на училищный акт, где Сашу наградили, — пришлось идти в суд. Саша нес домой свой похвальный лист, очень торопился, чувствовал себя счастливым победителем, и ему так хотелось, чтобы отец был дома.

Оказалось, что отец уже вернулся из суда. Он сидел на балконе, курил папиросу и задумчиво смотрел через золотые очки куда-то вдаль, откуда приходят смутные, неуловимые мысли. Он услышал на дорожках в саду Сашины шаги, почему-то припомнил вдруг свою ссору с одним из Сашиных учителей и стал ждать, что скажет Саша, — отомстили ему учителя или нет. И сейчас же опять подумал, что это — вздор, что учителя не решатся мстить сыну за отца: и совестно, и побоятся, что отец как законник затеет кляузу, станет жаловаться. Ему стало неловко и досадно. А уже Саша бежал к нему, румяный, веселый, и махал свернутым в трубочку похвальным листом.

Саша взбежал по ступенькам на балкон и крикнул звонко:

— С похвальным листом!

И его веселый крик нарушил привычную в этом доме тишину. Саша горел восторгом. От его звонкого голоса у отца сильнее заболела голова, но и теперь, как всегда, он скрыл это.

55

— Покажи, покажи, — ласково сказал он, медленными, как бы утомленными движениями поглаживая рыжую бороду. Легкая усмешка едва обозначилась под его густыми червонными усами.

Саша ловким движением проворных рук рахвернул лист, который при этом шуршал, словно сделанный из тонкого железа.

— Все пятки, даже четверок мало, — радостно говорил Саша.

— Молодец, отличился на славу, — сказал отец, устало и задумчиво рассматривая отметки.

— Что ж, ведь я все знаю, что проходили, — так же радостно, но уже не так громко сказал Саша.

Что-то в отцовых словах и в отцовом лице уже начинало охлаждать его, а что именно, еще он не осмыслил.

— Что ж, на стенку повесишь? — спросил отец.

Саша засмеялся, но как-то неуверенно.

— Зачем на стенку! — смущенно сказал он, — уберу в сундучок.

— А никто и не увидит, — посмеиваясь говорил отец.

— Ну вот, покажу, кому надо.

— Как не показать, — люди похвалят, — сказал отец тихо.

— А ты? — спросил мальчик.

— За показ-то?

— Да нет.

Отец обнял сына за плечи и поцеловал его в щеку.

— Славный ты у меня, — сказал он.

Нежная ласка звучала в его голосе. Саша почувствовал, как минутная неуверенность проходит быстро и как будто бесследно, — ему опять становилось радостно, и он весело засмеялся, беспричинно, неудержимо.

Отец смотрел на него, легонько улыбаясь, но мысли его были почему-то нерадостны.

Здоровый и веселый мальчик, Саша иногда казался недолговечным, — не жилец на белом свете, как говорят в народе. Что-то темное и вечно нерадостное в Сашиных глазах наводило иногда отца на грустные мысли. И когда он смотрел печально вдаль, перед ним возникала иногда в воображении рядом с жениною могилою другая, свежая насыпь.

За день Саша набегался, наигрался. Пришел вечер. Заря играла на небе и, утомленная, радостно умирала. Саша сидел на скамеечке в своем саду, усталый, смотрел на румяные заревые улыбки, на струйки, целовавшие речной берег, на синие кисти мышиного горошка, прижавшегося к забору, — и припоминал утро и свое торжество. Ему и нетрудно было отличиться, — совсем почти без труда все давалось, и времени мало уходило на приготовление уроков, так что Саша успел за свою короткую пока жизнь, и кроме учебников, прочитать много всяких книжек.

На похвальном листе надпись: "За отличные успехи и благонравие". Странное слово — благонравие.

"Значит, — думал Саша, — у меня благой, добрый нрав, то есть я — хороший мальчик".

Саша улыбался, но ему стало стыдно и неловко, что он признан благонравным.

А вдруг бы давали похвальные листы за честность, за доброту!

Нельзя. Честность бескорыстна. Если за добро — награда, то уж что это за добро!

А как же рай? Ведь это — награда. В раю будет приятно. А грешников праведники не пожалеют? Но ведь грешники завоют в огне. Только знать это, — и можно ли блаженствовать?

А ведь он, Саша, блаженствует, а грешники-то, оставленные на второй год. Иные тоже воют: дома побили, — и больно, и стыдно.

Саша смотрел в сгущающуюся темноту. Было тихо, и все имело такое выражение, точно сейчас придет кто-то и что-то скажет. Но никого не было. Только влажные ветки, шелестя, вздрагивали, да ночная птица далеко, из-за леса, кричала о чем-то своем, лесном и жадном.

И стало уже так, словно все предметы закрыли глаза и успокоились. Только небо смотрело неотступно и пристально. Но оно было далекое, и не слышно было от этих звезд ни единого звука.

Саша тихо пошел домой, горячими щеками задевая влажные ветки на кустарниках. Как-то странно и томительно горело его сердце.

III

Уже стало темно. В Сашиной спальне копошилась Лепестинья, — постлала Саше постель, прибирала что-то. Она была старая-престарая, согбенная и морщинистая, никогда не улыбалась и всегда понимала, что думал Саша, хотя бы он и не сумел ей хорошо сказать о том. Недаром она вынянчила его. Ее движения были тихи, поступь бесшумна.

Саша раздевался.

— Помолись, Саша, — сказала Лепестинья.

— Да я не знаю, Лепестиньюшка, о чем молиться, — лениво ответил Саша.

Ему хотелось спать, и не было никаких земных мыслей и желаний.

— За отца помолись, за себя, — говорила Лепестинья неторопливо и шамкая.

— А чего молиться? — спросил Саша.

— Да уж Бог сам знает. Ты только стань к нему. Он сам к тебе приклонится.

Саша встал на колени перед образом. Слова из молитв не вспоминались, и ничего не хотелось просить, — но он чувствовал в себе что-то нежное и отдающееся, и ему казалось, что бессловная и бездумная молитва рождается в его расстроганной душе.

Что-то вдруг развлекло, — шум какой-то, — ветер повеял, и ветка задела за стекло в открытом окне. Молитвенное настроение вдруг исчезло, — но жаль было его. Саша стал повторять молитвы на память, — но от этого повторения чужих, заученных для классной отметки слов стало неловко и совестно. Он перекрестился и поднялся.

Скоро он улегся — и вдруг почувствовал, что не хочет спать. Лепестинья собралась уходить. Он окликнул ее.

— Что ты, касатик? — прошамкала старуха, остановясь на пороге.

Саша заговорил тихонько и нежно:

— Скажи, Лепестинья, отчего это звезды смотрят на землю, да таково-то печально.

Лепестинья подошла к окну и посмотрела на темное небо и на ясные звезды.

— Звезды смотрят? — раздумчиво повторила она. — Бог, видно, так им дал. Смотрят, — а ты не смотри, спи себе.

— Я бы, Лепестиньюшка, не смотрел, — глаза сами смотрят.

Лепестинья приблизилась к Саше и, подперши рукою щеку, тихонько проговорила, любовно глядя на него:

— Спи, батюшка, спи с богом. Закройся, глазок, закройся, другой.

Саша, улыбаясь, закрыл сперва один глаз, потом и другой. Но Лепестинья ушла, а глаза у Саши открылись и упрямо хотели глядеть в темноту, которая обступала со всех сторон и словно таила что-то, чего никакими глазами не высмотришь, — а уж Сашины ли глаза не зорки!

И отчего в этой темноте и в этой тишине так много звуков, тихих, еле слышных, но ясных? Откуда они?

Саша долго смотрел в темноту. Мысли его были смутные, неопределенные. Уже совсем рассветало, когда он незаметно для себя заснул, истомленный бессонною ночью, напрасными думами.

IV

Лютое солнце стояло в самом притине. Оно, словно громадный свернувшийся огненный змей, казалось, вздрагивало всеми своими тесно сжатыми кольцами. Саша лежал босой в траве на берегу, под ивою, лицом кверху, раскинув руки, спасаясь в тени от знойной истомы. Рядом с ним валялась камышовая жалея, которую он сам себе сделал.

Жужжали пчелы. С тихим шелестом около веток колебался жаркий воздух. День протекал беспощадный, торжественный. Это яркое великолепие дневное наводило на Сашу тоску, смутную и почти приятную. Чаровала полдневная тишина, — в ее величавом обаянии еще отчетливее и яснее обычного становились для зоркого и чуткого Саши все впечатления, — легчайшие звуки, тончайшие переходы в освещении. Когда легкий поднимался ветерок, Саша слышал, как поскрипывала, поворачиваясь на ржавом стержне, вертлявая пренька на крыше — железный ветрочуй-петух.

За рекою раскидывались поля, широкие, замкнутые далекою, непонятною чертою, — и за нею тревожно подозревались новые неведомые дали. Между колосьев по дороге поднимались и плясали иногда серые вихри. В зеленовато-золотистом колыхании колосьев Саша чувствовал соответствие с тем, что двигалось и жило в нем самом земною, мимолетно-зыблемою жизнью. Значительно и строго было выражение полей и всей природы, — хотелось разгадать, чего она хочет и к чему она вся, — но трудно было и думать об этом. Промелькнет неясная мысль — и погаснет, — и Саша опять в тягостном, томном недоумении. И он думал тогда, что злая, коварная природа какими-то чарами отводит его от познания о своей тайне, чтобы таиться и лукавить по-прежнему. И как рассеять эти чары? Как понять эту чудную и родную жизнь?

Саша повернулся на живот и лег лицом к земле. В траве кишел перед ним целый мир — былинки жили и дышали, жучки бегали, сверкали разноцветными спинками, шелестели еле слышно. Саша ближе приник к земле, почти прилег к ней ухом. Тихие шорохи доносились до него. Трава вся легонько, по-змеиному, шелестела. От движения испаряющейся влаги шуршал порою оседавший земляной комочек. Какие-то струйки тихо звенели под землею.

Лепестинья пришла погреться на солнце. Кряхтя, она опустилась на траву рядом с Сашею. Саша ласково посмотрел на нее черными вопрошающими глазами. Лепестинья захватила горсть земли сухими руками, и уже Саша знал, что сейчас Лепестинья станет любовно растирать землю и тихо забормочет:

— Земля еси и в землю отыдеши.

И Саша легонько улыбался, услышав эти знакомые, страшные кому-то, но не им обоим слова.

— Ох, Сашенька, стара я стала, — сказала старуха, — уж и солнце от меня отвертывается, греть меня, старую, не хочет.

Саша с удивлением, внимательно посмотрел на Лепестинью и сказал нежным, звенящим голосом:

— А вот ко мне, Лепестиньюшка, так все поворачивается, — точно смотрит на меня, — и трава, и кусты, — все, что далеко, что близко, все. Вон там, видишь, на том берегу серый камень, и тот на меня уставился.

— Да тебе примстилось, поди, — опасливо сказала старуха.

— Нет, Лепестиньюшка, — весело ответил Саша, — мне никогда ничего не кажется. А только так все ясно да странно как-то. Так вот и вижу, что хоть глаз там и нет, а смотреть — смотрит.

— Безглазая засматривается, — шамкала старуха. — Поберегайся, голубчик: приглянулся ты ей, курносой.

Она сидела на траве, охватив колени морщинистыми, коричневыми руками. Ее слезящиеся глаза тупо смотрели куда-то прямо и далеко. Дряхлое лицо ее не выражало ни удивления, ни сомнения.

60

— Ну да, безглазая. Тоже выдумаешь, — тихо сказал Саша и подумал немного. — А почему? — вдруг спросил он.

Приглянулся-то почему? — переспросила Лепестинья. Глаза, вишь ты, у тебя, — глаза нехорошие.

— А чем, нянечка, нехорошие? — ласково спросил Саша.

— Глаза-то у тебя смотрят, куда не надо, видят, что негоже. Что закрыто, на то негоже смотреть. Курносая не любит, кто за ей подсматривает. Поберегайся, миленький, как бы она тебя не призарила.

— Да разве я за ней, нянечка, подсматриваю? — еще ласковее промолвил Саша, и чистый, как подснежный ручей, голос его звенел нежно и сладко.

— Везде она, голубь мой, все она, — и в травке, и в речке, — медленно и уныло говорила старуха. — Ты идешь, — и она тут же ползет, травку сломит, козявку задавит. Негоже смотреть много, не любит она.

— Так как же быть-то, миленькая нянечка, коли глаза сами смотрят? — спросил Саша, улыбаясь, глядя на старуху неотступно-вопрошающими глазами.

— Что поделаешь, голубчик! Такие уж, видно, тебе глаза Бог дал, ничего не поделаешь, жаленный, — ты ими и не хочешь, да видишь.

Саша закрыл глаза. Он думал, что умрет скоро и будет лежать в земле и тлеть. Но не страшило его, что лежать ему в родной земле. Он любил землю. Любил уходить подальше в поле, быть в одиночестве, приникнуть к земле, слушать ее шорохи и шепоты. Любил ходить босыми ногами, чтобы чувствовать землю ближе.

Саша сел, взял в руки жалею и принялся дудеть в нее. Полились нежные, жалобные звуки. Рождались грустные, томительные мысли.

Вот пришел товарищ с удочкою. Мальчики побежали к реке, радостно разговаривая о рыбах. Оба они залезли в воду удить, — и холодное плескание о голые колени отогнало непосильные, печальные думы.

Река была тихая, вся гладкая да ясная на солнце. Но маленькие струйки тревожно звучали, ударяясь о берег, и рыбки порою тревожно плескались, а река стремилась медленно и неуклонно. Серовато-зеленый тростник колыхался в воде у берега, и по высоким стеблям его пробегал порою сухой, слабый шум.

Мальчики долго шалили и плескались на реке. Среди веселых забав Саша вдруг приумолк, засмотрелся на воду. Он вышел на берег, присел на камень и сказал медленно и задумчиво:

— Вода-то, — все течет.

— Ну так что ж, — спросил его товарищ, белоголовый мальчуган с пухлым, простодушным лицом.

— Чудно! — сказал Саша.

— Чего чудно? Как же ей не течь, коли она в реке? — ответил белоголовый мальчишка и засмеялся Сашиным словам.

Саша вздохнул, посмотрел на товарища и спросил:

— А ты слушал, как трава растет?

Белоголовый мальчишка разинул рот.

— Нет, — отвечал он.

— А говорят, что можно слышать, — сказал Саша.

— Ишь ты!

V

Рано поутру Саша с отцом отправились на мамину могилу. Они тихо разговаривали по дороге, а светлое и равнодушное обливало их солнце еще не жарким светом.

Отец рассказывал о покойнице. Саша любил слушать эти рассказы и смотреть на затуманенное печалью отцово лицо да на его усталые, далеко устремленные глаза.

На кладбище в этот ранний час было хорошо. Посетители еще не пришли. Кладбище дремало, как успокоенная роща в стране безлюдной и мирной. Только птицы чирикали, да ветки шептались. Но эти нежные звуки не нарушали светлой тишины.

Саша с отцом сели на зеленую скамеечку перед маминою могилою. могила зеленела и цвела. Саше стало грустно, что мертвые не встают и не являются. Если бы милая мама пришла! Но нет, — разлука навеки. Напрасно ждать и молиться.

— Знаешь, папа, чего я хотел бы? — тихо спросил Саша.

Отец молча посмотрел на него.

— Мне, знаешь, хотелось бы повидать мамочку, — продолжал Саша. — Право, хоть один бы только раз.

Отец грустно улыбнулся.

— Как же ее увидеть? — спросил он. — Во сне разве.

— Хоть бы только показалась, хоть бы на самую маленькую минутку, — тоскливо говорил Саша.

— Мертвые к нам не ходят, — печально сказал отец. — Да и мы их боимся.

Саша подумал: неужели он испугался бы милой мамочки? Нет, уж если он и чужих покойников не боится, так как же родной-то испугаться!

А ведь в могиле она истлела и вся теперь черная, мягкая, как земля.

Саша внимательно смотрел перед собою темными и зоркими глазами и не видел ничего, кроме насквозь озаренного воздуха, травы и деревьев, могил и кустов, бесконечного множества листьев, былинок, мошек, всяких предметов, ненужных и докучных. Не было только того, что мило и дорого Сашину сердцу, — не было Сашиной мамочки, молодой, веселой, но навсегда оставившей этот солнечный, яркий, внешний мир.

Отец встал.

— Пора домой, — сказал он.

Саше грустно было оставлять мамину могилу. Все на свете кончается.

VI

Вечером Саша с отцом долго сидели в столовой. Одинаковое настроение, сумеречное, беспричинно печальное, — беспричинно и потому неотразимо, — осенило их обоих. Оба они смотрели на мамин портрет, — большую фотографию в черной с золотом раме на стене. Саша сказал:

— Хоть бы мамочка только мимо прошла, — хоть бы там, за дверьми.

Отец печально посмотрел на Сашу, потом перевел глаза на дверь и сказал:

— Пройди она за тобою — испугаешься.

Саша оглянулся. Из двери была видна темная прихожая. Никто не стоял там. Саша вздохнул и сказал:

— А ничуть не испугаюсь.

— Уверен? — строго спросил отец.

— Правда, ничуть не испугаюсь, — повторил Саша.

— Не хвались, — сказал отец и замолчал.

Саша задумался. Он не помнил в своей жизни страха. И теперь, как он в уме ни испытывал себя, он не мог допустить, что испугается загробного мамина появления. Но Саше казалось, что отец смотрит на него с неудовольствием, — и Саша старался убедить себя в том, что отец прав: он привык верить отцу. Смелость, которую Саша знал в себе, — не была ли она только боязнью показаться перед людьми трусом? И хотя Саша уверен был в том, что нет в душе его страха, он все же решился испытать себя.

VII

Саша лежал в постели, но не спал, — прислушивался к звукам в доме и ждал. В тихом всегда доме ночные звуки раздавались особенно ясно. За несколько горниц слышались отцовы шаги, потом заскрипела его кровать. Лепестинья ходила, тихонько шлепая туфлями. Беспрестанно возникали и уничтожались какие-то легкие, непонятные шумы. Перед образом слабо мерцал елейник. Тени беззвучно, еле заметные, двигались по стенам.

Наконец и Лепестинья угомонилась. Стало совсем тихо. Ночь, летняя, полупрозрачная, достигла самой темной поры. Саша поднялся с постели, оделся и выскочил из окна в сад. Ночная свежесть охватила его. Обильная роса мочила Сашины ноги. Сразу стало холодно, захотелось вернуться, заснуть. Но Саша пошел вперед. У калитки он немного постоял, подумал, потом решился и вышел на дорогу.

Поля за рекою туманились. Река покрылась легкою дымкою. Дорога была жесткая и влажная. Мелкие камешки на ней ясно ощущались босыми Сашиными ногами.

Саша спустился к броду. Теплая вода нежно обняла колени. Река всею шириною двигалась, и трудно было идти прямо, — ноги стали такими легкими, шаткими, и на каждом шагу вода, ясно и весело звуча, тихонько, но сильно плескалась о колени. Когда Саша подходил к берегу, стало жаль, что вода падает все ниже, что слабеют ее теплые, нежные прикосновения. Окунуться бы совсем, — славно! Но некогда, — завтра. И Саша вышел на берег.

Саша медленно шел по дороге, вдоль реки, озирался вокруг и ждал, когда будет страшное. Но он чувствовал в себе только ночную истому да любопытство, да ожидающее волнение, вовсе, впрочем, не похожее на страх. Ощущения были бодры, как всегда.

Белая ночь делала все полуявственным: ничего не могла она закрыть от взора, ни близкого, ни дальнего, но и осветить ничего не могла своим небом, бледным, тихим, без луны и без звезд. Мир полуявлялся в дремоте сквозь эту бессильную ночь. Река под легким туманом томилась, и слабо вздыхала в камышах, и слезливо плескалась о песчаный берег.

Здесь, в этом окутанном ночною полупрозрачною тьмою поле, было то же, как днем, — так же все было обращено к Саше, все представало перед ним, но не давало знать о том, что есть за этою видимостью. Деревья стояли неподвижные, с длинными, тонкими ветками. В их видимой упругости сказывалась неведомая жизнь, непреклонная воля. Но не понять было, чего же они хотят и как живут.

Дорога, с редкими, тонкими березками по краям, повышалась едва заметно и отдалялась от реки. Земля при дороге, сырая, теплая, ласково прикасалась к Сашиным ногам. Свежий воздух веселым холодом обнимал тело. Широкая Сашина грудь радостно дышала. Радость была в теле, и печаль в душе.

Скоро вдали забелела кладбищенская ограда.

То чувство, которое испытывал теперь Саша, все более разочаровывало его. Он ждал страха, да уже и хотел его, что дальше, то сильнее, — и напрасно: страха не было. Светлая ночь молчала, как будто думала о чем-то, и, чуждая Саше, не хотела пугать его.

Странно было, что так светло, и безлюдно, и тихо, — ночное чувство, несравнимое ни с чем дневным. Ни тоскливо, ни жутко, — только в душе безмолвный вопрос, безмерное удивление. Влажная трава, бледное небо, — все словно ждало чего-то, и утомилось ждать, и дремлет. Неразумная дева, заждавшаяся жениха. И он при дверях, и медлит.

Вот перекресток. Издали, пока другую дорогу заслоняли кусты, можно было думать, что там, за ними, что-то есть. Но когда Саша подошел, он увидел, что все пусто, никто не движется ни по той, ни по этой дороге. Ни люди, ни духи не ждут здесь условленных встреч.

Саша стал на перекрестке и крикнул:

— Приди!

Голос его прозвучал звонко и дерзко, — и все вокруг удивительно молчало. И Саша сказал:

— Если ты есть, явись!

Полуявственно и неподвижно лежало близкое и далекое, — все, обращенное к Саше. И не являлся никто иной.

Саша постоял, посмотрел вокруг в напрасном ожидании и пошел к ограде. Нетерпеливое ожидание страха усиливалось.

Ворота, через которые возили покойников, были совсем такие же, как и в городе, в обыкновенных заборах. Они покойно и бессмысленно показывали Саше свою решетчатую зеленую поверхность.

Саша подошел к калитке и толкнул ее. За нею слабо звякнул замок. Тогда Саша полез чрез невысокую стену, белую, холодную, и спрыгнул в мягкую траву на кладбище.

За оградою все стало иным, тесным, близким, но столь же простым и загадочным. Кусты темнели. Белая церковь с зеленою кровлею смотрела темными окнами, как незрячими глазами. Саша внимательно прислушивался в тишине, чтобы различить хоть какой-нибудь звук, — но слышал только, как бьется его сердце, как трепещут жилки на висках и у запястий.

И где же страх? Саша проходил между крестами и могилами, между кустами и деревьями. Под землею, он знал, лежали, истлевая, покойники: что ни крест, то внизу, под могильною насыпью, труп, зловонный, отвратительный. Но где же страх?

Все предметы были дивные, как призраки, а призраки не являлись. Неподвижные кресты не таили за собою белых колеблющихся фигур, простирающих руки.

Потому ли нет страха, что нет призраков?

И почувствовал Саша, что эта немая, загадочная природа была бы для него страшнее замогильных призраков, если бы в нем был страх.

Не думая о том, куда идет, Саша привычною дорогою добрался до маминой могилы. Тишина и тайна осеняли ее. Вот смерть. И что она? Мама лежит, вся истлевшая. Но что же это, и как?

Саша сидел на могиле неподвижно и грустно, обхватив руками белый крест, прижимаясь к нему щекою. Он терпеливо ждал, маленький, словно потерянный среди крестов и могил. Его лицо бледнело, глаза, темные и печальные, неотступно глядели в прозрачную полутьму.

И он дождался. На неуловимо-краткое время сладостный, нежный восторг овладел им. Настала неизъяснимая полнота в чувствах, словно пришла утешительница и низвела с собою рай. Бледный, с сияющею, радостною улыбкою на губах, Саша еще ближе приник к белому кресту и широкими черными глазами смотрел перед собою, мимо померкшего для него мира.

И отошло это, — и опять надвинулись докучные явления.

Высокая радость забылась, едва отгорев: то было чувство неземное и не для земли. Душа же у человека земная, узкая, и Саша был еще во власти у земли.

Заря занималась. Церковь розовела и погружалась в земной сон, — вечный, непробудный.

Саша встал. Церковь и кресты пошатнулись. Саша понял, что это он сам покачивается от усталости, потому что не спал всю ночь.

VIII

Саша возвращался домой, дивясь и грустя. Глаза тяжелели. Кровь тяжко обращалась в жилах. Земля под ногами лежала холодная, жесткая. Влажный воздух томил своим холодом.

Вода тепло и нежно обняла его ноги, — но уже Саша торопился домой: уже светало быстро.

Саше не хотелось, чтобы его дома увидели, хотя он не думал таиться. Все равно, он сам расскажет отцу, — но только бы теперь не говорить ни с кем и ни о чем.

Ему удалось пробраться незамеченным, прямо в окно, потому что на крыльце уже стояла Лепестинья и молилась на кресты над городскими соборами. В мягком утреннем свете она казалась совсем старою и дряхлою.

— Епистимия — знающая, — вспомнил Саша вычитанное из календаря значение старухиного имени, — а вот не знает, где я ходил всю ночь.

Ему стало весело, что он прячется от Лепестиньи, когда это вовсе не надо, да смешно еще на то, что здесь невольная радость от избегнутых опасностей и страхов овладела им.

Он улегся и скоро заснул. Тревожный сон снился ему. Багровое зарево пылало за окном. Над городом гудел набат. Сначала только и было слышно, что этот жалобный звон, да еще тихий, далекий треск, — точно дрова в печке. Потом послышались пугливые голоса, сперва одиночные. Пробегали мимо, кричали что-то. Суматоха поднялась близко, — и вдруг все забегали и закричали, и от этого Саша проснулся. Сердце

67

сильно билось. Но везде было тихо, ясно и светло. Солнце радостно, по-утреннему смотрело в окно.

Саша повернулся к стене, натянул повыше одеяло, чтобы свет не мешал, и сейчас же опять заснул. Снова ему приснилось то же о пожаре. Снова под его окнами забегали и закричали испуганные люди. Саша вскочил, торопливо оделся и побежал на пожар.

Сердце у него торопливо сжималось. Он знал, что надо спешить, спасти кого-то.

Ярко и весело пылал деревянный дом. Кругом суетились люди. Горело красиво и нисколько не страшно. Близко не подойти было, — жарко. Левая половина еще не горела, и там только из-под крыши струйками выбегал черный дым. Бледная женщина рыдала и металась в толпе. В дому остался ее ребенок. Дюжие краснощекие парни равнодушно глядели на несчастную мать. Она кидалась то к одному, то к другому. Бросилась было и к Саше, да увидела, что это еще мальчик, и метнулась дальше. Неясное, но повелительное чувство бросило Сашу вперед. Какие-то доски лежали под ногами, Саша через них перепрыгнул. Вот и крыльцо. Саша с усилием открыл дверь. Его обдало густым дымом.

— Назад, назад! — испуганным голосом кричал ему кто-то с улицы.

Саша прикрыл лицо локтями и бросился в дверь. Струя воды обдала его сзади. Справа и слева, близко, мелькали огненные язычки. Голова кружилась, от жары, от дымного воздуха, но Саша чувствовал себя сильным и смелым. Горницы застлал густой дым, — только внизу, около пола, дыма еще было мало. Саша нагибался и касался руками пола, чтобы не задохнуться в дыму.

Вот горница, где посветлее. Дым разорванными клочьями клубился под потолком и вытекал из окна. У стены стояла люлька. В ней спал ребенок. Люлька слегка дымилась, откуда-то снизу. На потолке узкою полоскою вспыхнул огонь. Ребенок улыбался во сне. Он был бледен. На его лице лежала серая копоть. Саша выхватил его из люльки, завернул в одеяльце и подбежал с ним к окну. Что-то мешало, — какие-то доски и бревна наклонялись сверху и с боков; дым, вытекавший на улицу, не давал ничего видеть из окна. Саша просунул ребенка в узкое отверстие и бросил его на улицу.

"А как же я?" — мелькнула быстрая мысль.

Саша глянул вверх. Пылающая балка свешивалась над окном, обдавала нестерпимым жаром, трещала и сыпала искры. Саша опустил голову. Сердце сжалось. Что-то тяжелое надавило на спину и заставило нагнуться. Лбом Саша больно ударился о подоконник. Дым сгущался, мешал дышать, душил...

Саша проснулся, задыхаясь. Он лежал, согнувшись, закрывая голову и рот одеялом, — и от этого так трудно дышалось.

Саша поспешно отбросил одеяло. Дыхание стало свободно, — и Саша обрадовался тому, что теперь легко, что он жив и дома, а не задыхается в горьком дыму.

В памяти ярко повторялся сон и все его волнения. Вдруг Саша вспомнил, что и раньше он не раз мечтал, как спасет ребенка из пожара, и о других подвигах. Сон повторил мечту.

"Во сне только и спасать!" — подумал Саша.

Он лежал на спине, усмехался слегка насмешливо и нежно, прислушивался к тишине и неопределенно ждал чего-то. Длинные черные ресницы осеняли полузакрытые глаза, — темные, земные. Воспоминания и мечты стали смешиваться в дремоте. Яркие облики проплыли перед глазами, темные, огромные глаза глянули, — закружились, осыпаясь, золотые одуванчики и погасли. Саша опять заснул.

Приснилось, что он в гробу, неподвижный и мертвый. Он погиб на пожаре, — и вот люди вытащили из-под развалин обгорелое тело и хоронили его. Доносилось сладостное пение. Много пришло народу, — Саша слышал это по сдержанному говору, по тихому плачу. Хвалебные слова в толпе радовали Сашу. Особенно хвалили и нежно плакали девушки, и, должно быть, их-то и было больше всех.

Подняли гроб и понесли с плачем и пением. Саша плавно покачивался, как в люльке. Веял легкий ветер. Солнце светило прямо в лицо, грело глаза сквозь сомкнутые веки, но не жгло, — оно было нежное, как будто светило из рая. Приятно и томно было лежа качаться.

Потом Саша увидел себя отдельно, откуда-то сверху. Гроб был маленький и весь осыпан цветами, простыми и милыми, ромашкою, просвирниками, лютиками. Несли, чередуясь, юноши и прекрасные девицы, и толпа теснилась вокруг, мережа нарядными платьями на барышнях. У всех в руках и на одежде были цветы. Отец шел за гробом, поглаживал свою червонную бороду и недоверчиво улыбался, а на глазах его под очками блестели слезинки: одному только Саше сверху они и были видны. Впереди шли певчие и пели что-то сладостное и печальное, и такое нежное, чего еще никогда на земле не пели, — и от этого из глаз у всех лились невольно слезы.

Саша проснулся в слезах. Солнце сияло прямо в глаза.

Саше стало грустно, — он горько думал, что все люди будут хвалить за такую смерть, и выйдет, как будто для похвал и в огонь пошел. Он лежал и прислушивался к тишине, словно хотелось каких-то утешающих, спокойных звуков. И далекие звуки донеслись до него от земной жизни, — грубые телесные звуки.

IX

И вот в Сашу словно вселился буйный дух, внушавший ему злые, бессмысленные шалости.

То он переставил все часы в доме на час назад, — с обедом опоздали, и отцу пришлось ждать. Лепестинья была смущена. Саша хохотал.

То он приспособил к дверям на веревке кувшин с водою, так что кто отворит дверь, на того плеснет вода.

То он взбирался на крышу сарая и с полуторасаженной высоты прыгал на мягкую землю, в густую траву, пугая Лепестинью и отца.

В шалостях, как и прежде в работе, Саша был неутомим, настойчив и изобретателен. Самые незначительные предметы в его руках становились орудиями для замысловатых, неожиданных предприятий.

Своих шалостей Саша и не думал скрывать: он спешил рассказывать отцу о каждой проказе — и при этом раскаивался и досадовал на себя.

Но тоскливое беспокойство все сильнее томило его, — и он шалил все больше, словно нарочно, с какою-то ему самому не вполне ясною целью. Может быть, хотелось довести отца до того, чтобы рассердился и выразил свой гнев в чем-нибудь сильном, страшном, невыносимом. Но отец только хмурился да побранивал Сашу, полусердито, полунасмешливо.

Иногда Лепестинья усовещивала Сашу. Она говорила:

— Смотри, отбойный, — отец терпит, терпит, да как рассердится, да так-то больно выстегает.

— А и пусть, — спокойно отвечал Саша.

— То-то вот, — говорила Лепестинья, — а станет стегать, завопишь истошным голосом.

— Ну так что ж? — спрашивал Саша.

— Да ничего, егозенок, — покричишь, да такой же будешь.

Ты у отца единец, то-то он тебя и балует. А ты все же свою совесть знай. На-т-ко поди-т-ко, ни стыда, ни страха.

— Что же мне делать? — спрашивал Саша и смутно надеялся, что услышит какое-нибудь решающее, мудрое слово.

А Лепестинья говорила:

Молись: избави нас от лукавого. А то что хорошего: отец молиться не умеет, да и тебя не выучил. Учены очень стали. Отцу книги читаешь, да не те, слышь.

X

Отца не было дома. Саша набрал на берегу в подол своей белой блузы ворох камешков и принес их в сад. Там, на берегу, он бросал их плашмя в воду, — красиво отскакивали. А здесь он швырял ими вдоль дорожек, в кусты, в густолиственный кленовый шатер, в птиц. Потом бросил один камешек в беседку и попал точно в стекло, — стекло разбилось. Саше полюбился его жидкий звон. Саша побежал к дому и принялся метать камни в окна. Стекла одно за другим разбивались с жидким веселым звуком, похожим на то, как смеются глупые и радостные дети, этот звон забавил Сашу и смешил неудержимо. Весело было смотреть на разбитые стекла, да и то радовало, что он тут хозяйничает, и никто не знает — ни отец, ни Лепестинья. С радостным визгом бегал он по дорожкам. Потом захотелось посмотреть, как это покажется изнутри, — и Саша побежал в дом.

Как всегда, входя в горницы, он затих и перестал визжать, — стены утихомирили. Окна с разбитыми стеклами казались печальными и безобразными. Саша вдруг очнулся, словно его разбудили.

Теперь стало ясно, как бессмысленно и ненужно то, что он сделал. И этот грубый стеклянный звон, — как мог он веселить!

Саша приуныл и, тоскуя, ходил по горницам. В доме было тихо, как всегда, и от этого жутко. Ворожащий стук от маятника разносился гулко по всему дому. Битые стекла валялись на полу, в окнах сияли звездчатые дыры, по стеклам в уцелевших краях вились синеватые трещины. Так было грустно, хоть на белый свет не гляди. А тут еще старая Лепестинья пришла откуда-то, ходила сзади, и ворчала, и подбирала осколки. Ее голос звучал подобно печальному шелесту в камышах над водою.

Саша тоскливо ждал отца. Наконец отец вернулся. Еще снаружи он заметил разбитые стекла и нахмурился.

Саша, весь красный от стыда, говорил, запинаясь:

— Это я побил стекла. Из шалости. Нарочно. Вот, я набрал там, на реке, камешков.

И он подробно рассказал все свое буйство. Его смущенный вид и откровенность тронули отца.

— Как же ты, сынок, так, а? Не годится! — сказал он тихо, взял Сашу за плечи, сам сел на стул, а Сашу поставил между коленями и привычным своим медленным, ясным голосом стал говорить ласково-укоризненные слова, поглаживая рукою длинную рыжую бороду.

Саша плакал. Что отец не сердится, а только говорит недовольным и огорченным голосом, это терзало его сердце. Наконец он стал просить.

— Накажи меня построже.

— Как тебя наказать-то? — спросил отец, задумчиво глядя на Сашу.

— Розгами, да побольнее, — сказал Саша и покраснел пуще.

Отец посмотрел на него с удивлением и усмехнулся.

— Право, папа, держал бы ты меня в ежовеньких рукавичках, — говорил Саша, плача и смеясь, — а то уж я так расшалюсь, что и на поди.

Отец промолчал, отпустил Сашу и ушел.

Саше стало как-то неловко, что отец даже ничего ему не ответил. Упрямо захотелось поставить на своем.

"Он все прощает, — думал Саша, — но ведь есть что-нибудь, чего и он не простит. Что не прощается?"

XI

Саша долго придумывал, чем наконец рассердить отца. Жаль было сделать что-нибудь грубое, чем бы отец был слишком опечален. Саша стал беспокоен, тосковал и метался. Все чаще уходил он в поля, один, подальше от дома, словно ждал, что там найдет решение.

Под солнцем он весь загорел, как цыганенок, — и лицо, и руки, и ноги.

Все чувства Сашины особенно изощрились за эти дни. Он и раньше был и чуток и зорок. Ему не случалось заблудиться в лесу или напасть на ложный след: зоркий глаз его знал приметы, чуткий слух доносил до него тишайшие шорохи и шумы из чащи и от жилья, и легчайшие запахи с полей выводили его на единственно верные тропы. Теперь же больше прежнего полюбил он прислушиваться к тишине в полях. Тонкие звуки, неслышные для обычно грубого человеческого слуха, реяли вокруг него, — и он чутко различал их источники: то бегали жучки по былинкам, то легко трескались, раскрываясь, созревшие в траве крохотные плоды. И над этими звуками еще тончайшие носились, неопределенные колебания, — не звуки, а как бы их предчувствия, — то не растут ли травы, не звенят ли подземные струи?

Травы росли, колыхались, тянулись к чему-то бессознательно и неуклонно. Вот скерда, — на сухом песка взошла, и все тянется. Вот шелковисто-серый астрагал с лиловыми цветками лепится на песчаном обрыве. Вот ядовитый вех, томясь на болоте, раскинул свой белый зонтик. Из цветов любее всех стали Саше в эти дни одуванчики, хрупкие да чуткие, как и он. Уже когда созревали их круглые серенькие корзиночки, ему нравилось, лежа в траве, развеивать их, не срывая, легким дыханием, и следить за их неторопливым полетом.

В полдень в полях становилось истомно. Полуденные страхи таились за колосьями, прятались в воде за тростниками, дрожали в серых пыльных вихрях по проселкам, неслышными, прозрачными тенями шныряли над землею, — страхи, понятные Саше, но бессильные над ним. Тоска томила его. Тишина чаровала. Невозмутимое на всем просторе в полях было молчание. Знойным воздухом тяжело и безрадостно дышалось.

Иногда Саша уходил в лес. Это был лес величавый и тихий, как опустелый собор. Пахло смолою, как ладаном. Грудь легко дышала. Сумрак между стройными столпообразными соснами обвеивал душу миром. Бестревожно таил лес неведомые дали.

Но ничего не говорила Саше лесная тишина. Саша уходил из леса недовольный, смутный.

XII

Прошло несколько дней. Однажды утром, когда отец сидел у себя над тяжебным делом, Саша унес из кухни кусок угля и с веселою улыбкою на загорелом лице вошел в гостиную. Там висело на стене, в черной с золотом раме, мамино изображение, увеличенное со светописного снимка. Саша влез на стул и углем начертил по стеклу усы. Посмотрел и засмеялся. Мама молодая, веселая, с намазанными усами, точно мальчик, вздумавший пошалить, — и такая милая, и смешная.

Саша побежал к отцу и со смехом привел его в гостиную. Отец угрюмо смотрел на мамино изображение, — и вдруг Саша увидел маму словно иными глазами: усы грубо обезобразили ее милое, нежное лицо. Шаловливый задор соскочил с Саши. Он раскаялся и заплакал. И все-таки, вместе с раскаянием, в нем ликовала радость. По строгому, неподвижному отцову лицу он понял, что отец недоволен, обижен и, пожалуй, способен круто обойтись. Саша сказал плача:

— Видишь, папа, какой я стал. Высеки меня побольнее, — право, давно пора.

— Давно пора, — задумчиво повторил отец. — Ну что же, — сказал он, — беги к березе, наломай для себя розог.

XIII

Отец бросил на пол прутья, поставил Сашу на ноги и слегка прижал его к себе. Саша тотчас же перестал кричать и уже устыдился своих криков. Боль разом смягчилась. Уже не стало ее невыносимого, буйного нарастания. Саша плакал и стыдливо прижимался к отцову плечу.

"Испытал-таки", — торжествуя подумал он, прислушиваясь к жгучим еще болевым ощущениям. Он подумал:

"Проходит боль, — и уже не страшно. Нестерпимая, но проходящая, да она вовсе не страшна", — уже думал Саша.

"А что же я кричал? — спросил он себя и ответил: — Невольно, с непривычки только".

И вот Саша успокоился, перестал шалить. Он испытал и телесные мучения, — но и в них не было побеждающего страха.

XIV

Пришла осень. Начались уроки. В августе и ученики и учителя еще не втянулись в дело, — ученики еле готовили заданное, учителя приходили поздно. Однажды, в свободное время перед уроком, Саша поссорился с Колею Егоровым, задорным шалуном. Началось пустяками. Егоров рассказывал нескольким простодушным мальчуганам, что в пруду на Опалихе нечисто, живет шишига, и парни ее видели, — страшная. Саша вслушался, засмеялся и спросил:

— Шишига? Что за шишига такая?

Егоров ответил неохотно, уже заранее сердясь на то, что Саша не поверит:

— Такая круглая, толстая, вся слизкая, голова у нее, как у жабы.

— Ну вот, — сказал Саша, — тоже веришь. Никакой шишиги нет.

Егоров совсем рассердился, покраснел и запальчиво закричал:

— Как нет, коли Серега Рахинский да Ванька Большой сами видели! Врать они тебе станут!

— Мне-то не станут, а тебе соврали, — спокойно возразил Саша. — Нет шишиги, — повторил он. — Им показалось, может быть, невесть что с перепугу, они и говорят зря.

Сашины возражения лишили Егорова уверенности в шишигу. Но из задора он не мог признать себя неправым, — тихие Сашины слова да спокойные Сашины взгляды все больше его раздражали. Он горячо доказывал, что шишига есть, и от злости готов был начать драку, да боялся ударить Сашу, — знал, что Саша сильнее. Сердито и насмешливо он сказал:

— А увидишь шишигу, сам ужаснешься.

— Чего ужасаться! Да вот и эта стена страшнее шишиги, — ответил Саша, вспоминая, что все на свете одинаково не страшно.

Егоров вспыхнул. Сашины слова показались ему явною издевкою. А Саша словно нарочно дразнил его и сказал со смехом:

— Ах ты, легковерный, — сам-то ты шишига!

Мальчишки засмеялись. Уже этого Егоров не мог стерпеть. Он вдруг подскочил к Саше и со всего размаху ударил его ладонью по щеке. У Саши зазвенело в ушах; перед глазами запрыгали красные искры и зеленые круги.

"Недаром говорят, — быстро подумал он, — что из глаз искры посыпались".

Он неловко стоял, ошеломленный неожиданным ударом. Было больно и стыдно, и унижение от чужой, хотя и случайной, победы горько чувствовалось. Егоров смотрел торжествуя и злорадно улыбался. Мальчишки сочувствовали, как всегда, победителю и начали было дразнить Сашу.

Вдруг они замолчали и разбежались по местам. На пороге показался учитель, гладко подстриженный рыжий молодой человек. Он услышал издали удар, а теперь увидел двух мальчиков в таких положениях, которые его наметанному взгляду сразу показали, в чем дело. Он спросил у Саши:

— Что это, Кораблев? За что он тебя ударил?

Саша молчал и притворно улыбался. На щеке его горели ясные полоски от Колиных пальцев. Товарищи рассказали учителю, как было дело. Учитель, посмеиваясь, сказал:

— Егоров, ты останься сегодня. Надо тебе замечаньице написать в дневничок, чтобы родители приняли меры к твоему исправлению.

Егоров слезливо оправдывался:

— А он зачем меня шишигой назвал! Мне тоже обидно, Василий Григорьевич, — какая же я шишига!

Учитель спокойно возразил:

— А ты рукам воли не давай.

На перемене Егоров то плакал, то жаловался товарищам, что его из-за Кораблева дома высекут, то принимался бранить Сашу, то издевался над ним. Мальчишки дразнили обоих. Но Егорова больше, — уже теперь все же был Сашин верх. Саше было неловко и грустно. Следовало что-то сделать, но что именно? Сам он нисколько не сердился. Хотелось чем-нибудь утешить этого взволнованного, плачущего, сердитого мальчика, — но Саша не знал, чем его можно утешить, и вместе с тем невольно презирал его за эти слезы, за эту робость перед домашнею расправою.

XV

Уроки кончились. Молитву прочитали, ученики шумно расходились. Учитель Василий Григорьевич опять пришел в

76

класс и потребовал дневник у Егорова. Егоров плакал и медленно вытаскивал дневник. Саша вдруг подошел к учителю и сказал:

— Василий Григорьевич, простите его, ведь я же на него не сержусь.

— Мало ли что не сердишься, драться в училище нельзя, — наставительно ответил учитель.

— Право, простите, — просил Саша, — мы с ним помиримся. Я его сам обидел, шишигой назвал. Простите.

Учитель, посмеиваясь, сказал:

— Плохо просишь.

Ему было приятно, что его просили о прощении. И приятно было видеть, что наказываемый мальчик плачет, и сознавать, что вот какая у него, учителя, власть. Притом же можно было так легко и правдоподобно оправдывать для себя и для других употребление этой ненужной и жестокой власти тем, что это делается для их же пользы.

Саша настойчиво продолжал просить. Уже он и сам знал, как все его товарищи, что учителям нравятся и слезы, и мольбы мальчишек.

— Плохо просишь, — повторил учитель с вялою усмешечкою. — Поклонись пониже, — сказал он усмехаясь, как будто бы шутя.

— Да я хоть в ноги вам поклонюсь, только простите его, — сказал Саша и вдруг покраснел.

— Ну что ж, поклонись, вот тогда и прощу, — ответил учитель.

Он не верил, что Саша станет ему кланяться. И, досадуя на это, уже он стал перелистывать дневник шалуна, отыскивая ту страницу, где следовало написать замечание. Но Саша откинул в сторону свою сумку с книгами и быстро поклонился в ноги учителю, — сперва руками уперся в пыльный пол, потом лбом стукнулся. Ему не было стыдно кланяться, но, подымаясь, он почувствовал, что если учитель все же не простит, то будет уж так досадно. И он настойчиво сказал, глядя на учителя решительными глазами:

— Уж теперь вы его должны простить.

Учитель был удивлен. Неловко посмеиваясь и краснея, он сказал:

— Ну, нечего делать. Обещанное свято.

Он отдал дневник Егорову и сказал:

— Не следовало бы тебя прощать, благодари Кораблева.

Егоров обрадовался. Он глупо улыбался, не зная, как выразить свою радость, и размазывал последние слезы по щекам ладонью. Учитель, смущенно улыбаясь, смотрел на обоих мальчиков и медлил уйти из опустелого класса. В Сашином поступке он чувствовал что-то необычайное и не вполне понимал его. Что это, — товарищеская дружба или просто новая шалость?

Саша был весел и бессознательно доволен собою. Егоров, не успевший еще собрать книг, просил его подождать, — им по дороге, — и ласково смотрел на него. Саша вышел в коридор и ждал там. Учитель подошел к нему и хотел сказать что-нибудь приветливое, да не мог придумать. И он говорил несвязные слова, ласково и неловко.

— Что ж, вы с ним друзья, что так заступаешься, а? — спросил он.

— Друзья, — весело ответил Саша.

— А, друзья, — забияка ведь он? — продолжал учитель тоном вопроса.

— Ничего, — сказал Саша.

— Ну что ж, домой пойдешь, милый? — опять спросил учитель.

— Домой, — так же весело и радостно ответил Саша.

Он улыбаючись смотрел на учителя и ждал от него каких-то добрых и мудрых слов, ждал с простодушною верою, — так как он еще воистину был ребенок и думал, что взрослые знают настоящие добрые и мудрые слова.

А учитель не знал таких слов. И уже совсем больше ничего не придумал он сказать. Он взял Сашу за руку, тихонько пожал ее. Саша смутился, раскраснелся. Учитель неловко отвернулся и отошел в сторону.

И вдруг веселость словно соскочила с Саши. Он почувствовал в душе своей ту же неловкость, как будто заразился ею от учителя. В мыслях и настроениях его опять началась смута.

XVI

Вместе с Егоровым шел Саша по тихим городским улицам домой. Егоров благодарил Сашу искренно и весело.

— Распреотличную бы мне дома порку задали, — говорил он, с уважением глядя на Сашу.

Саше от этого еще томительнее становилось. Егоров все

посматривал на него сбоку, словно хотел что-то сказать, да не решался. И Саша понемногу стал ждать, что Егоров сделает что-то настоящее, должное. Наконец Егоров надумался и вдруг спросил:

— Хочешь, я тебе тоже поклонюсь в ноги?

— Не надо, смущенно сказал Саша.

— А то поклонюсь, продолжал Егоров, словно торопясь отдать долг. — Хоть сейчас, на улице, право! а?

— Ну вот, говорю, не надо, — досадливо повторил Саша.

Егоров словно успокоился.

— Ну ладно, — сказал он по-прежнему весело, — я тебе заслужу чем-нибудь. Ты только скажи.

"Вот, — думал Саша, — я кланялся, молил для того, чтобы у него кожа цела осталась, а он меня побережет при случае. И мне же от всего этого польза: учитель похвалил, Егоров стал другом".

И мучило это Сашу, — это корыстный его подвиг.

Какая грусть! Какие во всем невозможности!

Вот в огороде, мимо которого они проходили, молочаи-солнцегляды напрасно тянулись к солнцу, — они были малы и слабы, их подавляли глупые, клонящиеся к земле ромашки.

XVII

В грустном Саша сидел раздумье под серою ольхою на скамеечке, внизу сада, над самою рекою. За день он набегался, был шумно весел и утомился. Длинные ресницы бросали печальную тень на загорелые Сашины щеки.

Вечер мирно догорал. За рекою лежали тихие дали. Большие босые мальчики, как всегда по вечерам, пришли на пустой песчаный берег играть в рюхи и подымать легкую сизую пыль длинными палками.

Здесь, в саду, был дикий, нетронутый уголок. У воды цвела зеленовато-белая развесистая гречиха. Горицвет раскидывал белые полуунтики, и от них к вечеру запахло слабо и нежно. В кустарниках таились ярко-лазоревые колокольчики, безуханные, безмолвные. Дурман высоко подымал крупные белые цветы, надменные, некрасивые, тяжелые. Там, где было сырее, изгибался твердым стеблем паслен с ярко-красными продолговатыми ягодами. Но эти плоды, никому не нужные, и

79

эти поздние цветы не радовали глаз. Усталая природа клонилась к увяданию. Саша чувствовал, что все умрет, что все равно ненужно и что так это и должно быть. Покорная грусть овладела его мыслями. Он думал:

"Устанешь — спать хочешь; а жить устанешь — умереть захочешь. Вот и ольха устанет стоять, да и свалится".

И явственно пробуждалось в его душевной глубине то истинно земное, что роднило его с прахом, и от чего страх не имел над ним власти.

Кто-то запел. В тихом воздухе печально звучала заунывная песня. За рекою раздавались эти протяжные звуки, — словно кто-то звал, и печалил, и, лишая воли, требовал чего-то необычайного.

Но неужели суждено человеку не узнать здесь правды? Где-то есть правда, — к чему-то идет все, что есть в мире. И мы идем, — и все проходит, — и мы вечно хотим того, чего нет.

Или надо уйти из жизни, чтобы узнать? Но как и что узнают отшедшие от жизни?

Но, что бы там ни было, как хорошо, что есть она, смерть-освободительница!

И засмеялся Саша на воду, и думал:

"Если упасть? утонуть? Страшно ли будет тонуть?"

Вода тянула его к себе влажным, пустым запахом. Нисколько не было страшно, и равнодушно думал Саша о возможности смерти. Все равно уже не стало своей воли, и он пойдет, куда устремит его первое впечатление.

Он неподвижно смотрел перед собою. Лепестинья подошла сзади. Она глядела на него суровыми глазами. Тихо и сурово сказала она, качая дряхлою головою:

— Что смотришь? Куда смотришь? Опять к ней засматриваешь?

И она пошла мимо, уже не глядела на Сашу, и не жалела его, и не звала. Безучастная, суровая, проходила она мимо.

Легкий холод обвеял Сашу. Весь дрожа, томимый таинственным страхом, он встал и пошел за Лепестиньею, — к жизни земной пошел он, в путь истомный и смертный.

Рождественский мальчик

Пусторослев наконец остался один.

Сколько усталости! Целый день встреч и разговоров.

Жгучие, волнующие темы. Заботы и хлопоты о деле, которое так взяло все время.

Так взяло все время, что теперь, в минуту отдыха, вдруг не хочется думать о нем. Усталость обволакивает все чувства липкою пеленою. Глаза не хотят глядеть.

Прилег на диван. На письменном столе стынет недопитый стакан чаю. Бледное, нервное лицо склонилось. На темно-красной подушке оно кажется особенно бледным и худым.

Припомнилась далекая Сибирь. Подневольное житье в ней. Лютые морозы. Земля, которая и летом не оттаивала глубоко. Товарищи суровой ссылки. Долгие, долгие ночи. И такой мрак, и такой холод!

Захотелось безопасности, уюта, семьи. Услышать детский лепет в этой квартире, слишком большой и слишком богатой для одного, — в робкие упражнения на рояли, — и внезапный смех.

Подумал:

"Разве с меня не довольно? Пусть работают другие".

И улыбка. Конечно, пусть другие.

И сразу же знал, что это — так только.

Нет, уже не оторваться от дела...

Опять тонкая дремота.

И вдруг легкие шаги.

Встрепенулся. Открыл глаза.

Никого нет.

Странно, — в последнее время Пусторослев не раз замечал, в минуты усталости и отдыха, что он не один. Чьи-то легкие шаги шуршали по полу недалеко от него, — словно кто-то маленький тихонько проходил мимо него, осторожно, босыми ногами. Маленький, едва достигавший головою до дивана. Подходил, всматривался, поднимая прекрасное нездешнее лицо. Прислушивался. Говорил что-то тихое, и странно внятное. Звал куда-то.

Но стоило открыть глаза, — и странный посетитель с легким шорохом скрывался. И уже казалось, что и не было его.

Сначала Пусторослев не думал об этих посещениях. Мало ли что приснится или покажется в минуты тоски и усталости.

Но вот уже несколько дней подряд маленький гость стал занимать внимание Пусторослева.

Прежде он приходил изредка. Теперь — каждый вечер. И Пусторослев уже начал ждать его.

В неверном, мертвом и неподвижном свете электрической лампы он приходил, легкий, маленький. И шаги его становились слышнее, — словно он уже вырос, стал смелее и решительнее.

Прежде он подкрадывался на цыпочках, — а откроешь глаза, — он укатывался куда-то дробными шагами, как испуганный мышонок, и не разобрать было, куда он убежал.

Теперь он приходил неторопливо, и слышно было, как легко, спокойно и уверенно ступают на паркет его ноги. И Пусторослев не решался еще очень быстро открыть глаза. Тот, ночной, уходил не торопясь, и Пусторослев наконец приметил, куда он уходит.

Это было место на стене. Самое обыкновенное на невнимательный взгляд. Немного ниже и наискось того места, где, в черной раме, висела гравюра, Мона Лиза. Между двух стульев. Узор обоев ничем, по-видимому, не отличался. Но было какое-то странное и значительное выражение в этих зеленоватых странных цветах.

И когда Пусторослев долго всматривался в узор, ему вдруг начинало казаться, что это место на стене чем-то обведено, словно за ним скрывается тайная дверь.

Лежал, закрыв глаза. От лампы на столе поодаль падали неподвижные пятна света на тонкое лицо. Услышал легкие шаги. Маленький посетитель подошел, всматривался в чего-то ждал. И в этом ожидающем стоянии неизвестного посетителя было что-то жуткое, тоскливое, вынуждающее к чему-то.

"Что-то надо сказать или сделать", — подумал Пусторослев.

Он слегка приоткрыл глаза, — и замер от жуткого и сладкого ужаса. Перед ним стоял мальчик, лет десяти на вид, весь белый, тонкий и сияющий. На бледном, точно неживом лице жутко мерцали черные, страшно глубокие глаза. Одежда странного покроя, вся, белая, открывала тонкую, длинную шею, и открыты были выше колен стройные, тонкие ноги. И весь он был спокойный и словно неживой, я только черные на бледном лице глаза жили и настойчиво вопрошали.

Миг один длилось видение, — и скрылось. Пусторослев открыл глаза, быстро встал, двинулся к мальчику, протянул руки, — но мальчика уже не было.

— Милый! кто же ты? где же ты? — воскликнул Пусторослев. Стало тихо. Ожиданием была растворена тишина.

82

И вдруг, — тихий, сладкий и звонкий раздался смех. Пронесся в зыбкой тишине, — и замер. И Пусторослев вдруг почувствовал, что он остался один. Один! Никогда еще с такою значительностью не представало пред ним это столь страшное, столь великое, столь не понятое людьми слово. Одиночество, сладостное и несравненное, великий праздник для великой и надменной души, великое томление для вопрошающего человека!

И в этот миг больно почувствовал Пусторослев, что он только: человек, вопрошающий о неизвестном. В странном порыве тоски

подошел он к тому месту на стене, где под холодною и таинственною

улыбкою Джиоконды таилась дивная дверь, — и странные слова как

бы сами собою родились на его устах:

— И ты хочешь быть человеком? Зачем? Что тебе в нашем бедном существовании?

И тихий голос ответил почти беззвучно, но странно внятно:

— Я хочу.

"Бедные, расстроенные нервы, — думал на другое утро Пусторослев. — Надо уехать из этого жуткого и жестокого города".

Но когда он одевался, в неверном и слабом свете северного раннего утра прошел мимо него тихими и легкими шагами белый, весь белый и спокойный мальчик и сказал тихонько старые, странно земные и трогательные слова:

— Голодные. Дети. Трупики.

— Что? — в ужасе спросил Пусторослев.

И в тишине послышались еще более простые и земные слова:

— На гривенник молока.

Кратко и жутко промелькнул, едва возник и уже клонился к закату морозный день. На Невском зажигались фонари. Украдкой. Никто не видел, как они вспыхнули. И свет их был ясный и беспокойный.

На перекрестке двух шумных улиц, остановившись на минуту переждать толчею экипажей, Пусторослев увидел поэта-декадента, Приклонского. Медленною, развинченною походкою Приклонский подошел к Пусторослеву и молча пожал ему руку.

Пусторослев не любил Приклонского. Считал его шарлатаном. В этом смысле высказывался кое-где. До Приклонского, очевидно, дошли резкие отзывы Пусторослева.

Как-то, встретясь на одном из тех вечеров, где все бывают и где всем бывает скучно, Приклонский подошел к Пусторослеву и без всякого повода начал рассказывать, по обычаю своему, очень парадоксально, что все писатели разделяются на два разряда: дилетанты и шарлатаны. Пусторослеву стало неловко. С тех пор чувство неловкости всегда охватывало Пусторослева, когда он встречался с Приклонским. Странные, опьяненно-веселые и невнимательные глаза Приклонского наводили на Пусторослева тоску.

Но теперь Пусторослев обрадовался этой встрече.

— Приключение по вашей части, — сказал он, стараясь говорить иронично, и вдруг чувствуя с досадою, что это ему не удается.

И он рассказал о белом мальчике. Досадно было, что рассказ выходит в сбивающемся тоне.

— Призраки держат себя странно, — закончил он, — вместо откровений о загробном мире какой-то детский и совершенно земной лепет.

Приклонский выслушал так спокойно, как рассказ о самом обыкновенном событии.

— Что вас удивляет? — спросил он. — Земное не ниже и не хуже небесного. Между этим и тем миром не такое соотношение, что одно хуже, а другое лучше. Плоть так же свята, как и дух.

— Но "на гривенник молока", — это все же слишком прозаично, — возразил Пусторослев.

Приклонский помолчал, спокойно посмотрел на него и заговорил, как бы отвечая на какие-то другие, более интересные слова:

— Мы живем среди природы, которая вся насквозь проникнута стремлением к жизни. Тысячелетия тому назад волевая энергия природы была так велика, что возникли бесчисленные разновидности жизни на земле. Теперь энергия природы принимает иной характер: природа стремится не только к бытию, — она стремится к тому, чтобы осознать себя. Нас окружает страстное желание не только быть, но быть самым сознательным, — быть человеком, и более, чем человеком. Те домашние маленькие нежити, которых вы давно чувствовали вокруг себя, настойчиво стучались в двери вашего сознания. Вам надлежит теперь отдаться с доверчивостью тому приключению, которое вас ожидает. Они вас не обманут. По крайней мере смело можно утверждать, что они не сделают с вами ничего такого, возможности чего не заложены в вас самих.

По-видимому, Приклонский собирался говорить еще долго. Но в легком дрожании его губ, которое придавало его некрасивому, преждевременно увядшему липу ироническое выражение, Пусторослеву почудилось желание мистифицировать его. Он начал слушать рассеянно и наконец сказал:

— Просто нервы у меня не в порядке.

— Просто, — неопределенным тоном повторил Приклонский.

Опять длился вечер, холодный, скучный, одинокий, — и он казался нескончаемым и ненужным. Никуда не пошел Пусторослев, хотя его ждали в одном месте, и сам он в другое время охотно поехал бы туда. В другое время. Но теперь что-то удерживало Пусторослева, и странное ожидание томило его больно и жутко.

Длился, томительно длился вечер, — и все было обычно и скучно, и буднично, как всегда, — и уже казалось, что ничего нет и не будет, кроме того, что бывает обыкновенно. Ни чуда, ни явлений из иного мира, близкого и вечно загадочного, страшного и желанного.

И опять усталость одолела Пусторослева. Он лег, взял книгу, чтобы скоротать время до того часа, когда можно лечь в постель. Опустил книгу, докучную, ненужную. Закрыл глаза... И как он мог не заметить раньше? Всегда здесь с ним кто-то, вопрошающий, неотступный. Чего он хочет? Пусторослев сказал тихо, не открывая глаз:

— Скажи мне, чего ты хочешь, и где ты, и кто ты. Скажи мне о себе, — и я сделаю все, чего ты хочешь, и пойду за тобою.

Легкие шаги послышались. Таинственный гость подошел и стал у изголовья сзади. Так близко, —протянуть только руку, и коснешься его. Так близко, — и так далеко.

Пусторослев повернулся на бок, двинул руку туда, к изголовью, — и вдруг услышал тихие, тревожные слова:

— Не гляди. Не тронь. Рано.

Пусторослев опять лег спокойно, на спину, закрыл глаза и слушал.

Послышался нежный голос белого мальчика:

— Если бы я жил!

И в этом кратком восклицании было столько призывной тоски, такая жажда жизни достойной и доблестной, такой порыв наполнить огнем святой борьбы минуты жизни, что Пусторослев почувствовал, как душа его зажглась давно уже не испытанным восторгом.

Он встал. Быстро подошел к тому месту, где чудилась ему в

стене дивная дверь. Не думал о ней, — как-то мимовольно подошел именно к ней. Остановился. Ждал. И весь дрожал.

Как тихое дуновение легкого ветра, мимо него прошел белый мальчик, зыбкий, едва видимый. Открылась тайная в стене дверь. За нею — узкий, темный проход. И Пусторослев без колебания пошел за мальчиком в неизвестный путь...

Были тогда беспокойные дни. Рабочие голодали, не шли на работы. Было много солдат и казаков. Иногда на улицах убивали.

Долог был путь: но как-то странно Пусторослев не замечал его. Наконец он увидел, что стоит на дворе деревянного старого дома. Под воротами горел фонарь, и если глядеть в ту сторону долго, то после на дворе казалось еще темнее и холоднее. Пусторослев был один. Ждал. Кто-то тихий и легкий промелькнул мимо него и скрылся.

— Куда же идти? — спросил Пусторослев.

И уже после того он увидел дворника. Молодой, длинный и тощий парень с рыжими, жесткими волосами, которых было так много, что они, казалось, приподнимали шапку-блин.

— Да вам кого? — спросил он простуженным и ленивым голосом.

Пусторослев сказал фамилию, — казалось ему, что она случайно пришла ему в голову:

— Елизаров здесь?

— А вон по той лестнице, в четвертый этаж, — ответил дворник. Как во сне, прошли перед Пусторослевым жуткие впечатления:

смрадная квартира; много угрюмых, словно голодных людей. Под образами — мертвая женщина. Мальчик, сын мертвой. Тощий, грязный, уродливый — и страшно и странно похожий на того мальчика, который приходил к Пусторослеву по вечерам.

Мальчик остался один. Родных не было. Пусторослев взял его. Жадные, голодные глаза глядели за ним, когда он уводил ребенка.

И все это промелькнуло так быстро, и все это казалось Пусторослеву сном до тех пор, пока он не очутился дома.

Наташа, его чинная и строгая служанка, сердито поморщилась, когда Пусторослев объявил ей, что ребенка он взял и что его надо устроить.

— За два часа не отмоешь, — ворчала она.

На другое утро Пусторослев заказал мальчику белую одежду того покроя, который он видел на своем таинственном посетителе. Заплатил, не торгуясь, так щедро, что, несмотря на предпраздничную спешку, одежда к вечеру была готова.

И когда вечером, тщательно вымытый, выстриженный, тонкий, белый, с горящими черными глазами, в короткой белой одежде, оставляющей ноги голыми, необутый, мальчик тихо подошел к Пусторослеву, стало Пусторослеву жутко, — так похож был этот мальчуган на того, вечернего и таинственного.

— Ты откуда, Гриша? — спросил Пусторослев. Мальчик неловко дернул плечом, потеребил тонкими пальчиками складки своего наряда и ответил:

— Из фабричных.

Помолчал. Потом сказал по-ребячески плаксиво:

— Утром с Наташей ездили, маму хоронили. Отец летом помер, теперь мама померла, — просто хоть ложись да помирай.

— Теперь ты мой будешь, — сказал Пусторослев. Мальчик помолчал, потупился, шепнул тихонько:

— Спасибо.

Мальчик был тихий, но не робкий. Он дичился посторонних, старался уйти, когда кто-нибудь приходил, но ух если его останавливали, то он отвечал на вопросы прямо и просто, с эпическим спокойствием первобытного существа.

Наступали праздники. Пусторослев сделал для Гриши елку. Позвал детей. Было человек десять маленьких гостей, бедные и богатые. Было весело и шумно. Пусторослева радовал Гришин смех, но ему жутко было глядеть в его внимательные, слишком черные, слишком глубокие глаза. Наутро он спросил:

— Гриша, скажи, понравилась тебе вчера елка? Гриша по своей привычке помолчал немного, теребя складки своего наряда, и потом сказал странно спокойным голосом:

— Елка — очень хорошо. Славно. А ребятишки у вас скверные были,

— Чем скверные? — с удивлением спросил Пусторослев. Гриша заговорил поживее:

— А как же, — они себя различают. Которые богатые считаются, те так свысока, а которые бедные, то такие завидущие, и все они завидуют, и так у них на все глаза горят. Все бы им отдать, да и то бы им мало было. Право слово, завидущие.

Часто разговаривали Пусторослев с Гришею. Каждый вечер. И каждый раз Пусторослев звал к себе Гришу с таким жутким чувством, как будто бы он и ждал от него, и боялся каких-то странных и страшных слов.

"Знает ли Гриша того, ночного? — думал иногда

Пусторослев. — Не спросить ли его? Но как спросить?" И наконец спросил:

— Гриша, ты у меня был раньше?

Мальчик побледнел еще больше, и казалось, что он вдруг испугался. Робко шепнул он:

— А ты почем знаешь?

Пусторослев закрыл глаза. Голова его кружилась жутко и томно.

А Гриша говорил:

— Я-то у тебя был. Во сне. Вижу я, сидит такой барин за столом и крепко думает. А лица не видно. И так показывает, будто и вовсе лица нет. Но только это неверно. Теперь-то я узнал, — все как у тебя, и стол, и лампа, все как есть.

— Гриша, зачем же ты ко мне приходил? Гриша вздохнул.

— Ну вот, — рассказывал он, — вижу, сидит будто барин, а лица не видно. А я и говорю: барин, а барин, нешто нам весь век голодать одним. Пойдем помирать вместе. А барин ничего не говорит. Все думает. Ну, я и уйду. А после того мама захворала. Померла. А после того и ты меня взял.

— Гриша, зачем ты меня звал? — с тоскою спросил Пусторослев.

Гриша засмеялся. Как тот, ночной. Такой же зыбкий и быстрый смех. Точно быстрый плач. Такой ясный смех, и такой невеселый.

— А как же? — страстно заговорил Гриша, — отчего так? Почему, скажи, за что нам такое житье собачье? Разве для того мы на земле живем, чтобы друг друга поедом есть? За что? И если он насильничает, так все терпеть без конца?

Пусторослев глядел на черные, пламенные Гришины глаза, на его бледное, худое и такое прекрасное лицо. Жутко было ему. А Гриша говорил:

— Пойти бы всем вместе, дошли бы до такого места, где земля новая, и небо новое, и лев свирепый не кусает, и змейка-скоропейка не жалит. Да нет нам свободы, никуда не пойдешь.

— Гриша, откуда ты набрался слов? — спросил Пусторослев. Ему хотелось разрушить это темное очарование, которое так долго держало его в своей власти. Гриша слегка покраснел.

— Может быть, я глупости говорю. Не знаю. Что от людей услышишь, что сам придумаешь. Ты думаешь, что ты барин, так ты один думаешь? Я тоже люблю думать. Только, что я тебе скажу.

Гриша приумолк.

— Скажи, Гриша.

— Если бы я все это дело знал, ни за что бы я не захотел быть человеком.

Были не раз такие странные и не совсем детские разговоры. Наутро Пусторослеву казалось, что этого Гриша не говорил, что все эти слова ему пригрезились в дремоте позднего вечера, в усталой дремоте вопрошающего и не находящего ответа человека.

И сам Гриша днем бывал совсем простым и обыкновенным мальчиком, с самыми простыми мальчишескими затеями и интересами. Только тихий очень и скромный, и очень худенький. И когда вспоминал покойных родителей, то иногда поплачет. А. когда говорили при нем о фабричных рабочих, он делался печальным и хмурым, и начинал дрожать, и тихо уходил.

Там, у гроба матери, он казался лохматым, взъерошенным и уродливым. Но на самом деле он был скорее красив. Только очень уж худ.

И хорошо было то, что у него не много было неприятных привычек. Или, может быть, он был такой тихий и внимательный, что сам скоро замечал, чего здесь не следует делать.

Приближались великие дни. Сладостное веяние свободы носилось над городами и темными селениями нашей родины. Созрело негодование, и в его бурном дыхании отогрелась нежная надежда, так долго таившаяся под равнодушным и беспощадным снегом.

Гриша пришел вечером к Пусторослеву. Видно было, что он хочет что-то сказать.

— Гриша, что ты? — спросил Пусторослев. Гриша помолчал. Покраснел.

Так покраснел, как никогда еще не видел у него Пусторослев. Сказал звенящим и решительным голосом:

— Наши завтра пойдут. И я пойду. Пусторослев испугался.

— Гриша, куда ты пойдешь? Что за глупости! — досадливо крикнул он. — Что тебе там делать, такому маленькому? Гришины глаза горели, и щеки багряно пылали.

— Пойду, — тихо, но решительно сказал он. Пусторослев понял, что не надо спорить.

— Гриша, — сказал он успокоительно, — утро вечера мудренее. Мы об этом лучше завтра поговорим с тобою, — а теперь не пора ли нам спатиньки?

Гриша стыдливо улыбнулся.

— Спатиньки придут сами, — сказал он, — а только какие

спатиньки? Белые далеко, зеленым рано, серых не хочу, черных ты не пустишь, — какие же спатиньки! разве только красные.

День страшный и беспощадный поднялся над морозным жутким городом. Была безоружная толпа, и вооруженные люди убивали. И ужас витал над столицею.

Пусторослев рано вышел из дому. Забыл о Грише. Встречи и заботы захватили его.

И вдруг, в говоре толпы, мимолетные слова:

— Много мальчишек...

Разом вспомнил. Стало страшно. Поехал домой. Очень торопил извозчика. И так было страшно и тоскливо, словно непоправимое совершалось несчастие.

Дома — расстроенное Наташино лицо, ее убегающий взор, ненужные слова:

— Ах, Андрей Павлович, на улицах-то что делается.

— Гриша где? — крикнул Пусторослев. Наташа смутилась. Покраснела. Заплакала.

— Как сказали с вечера шубку спрятать и сапожки, все спрятала в шкап. Да уж как он ключ нашел, ума не приложу. И такой был тихий, и такой тихий. На минутку вышла, вернулась, нет Гриши. Оделся, и уж как пробежал? Ума не приложу.

Пусторослев вышел опять на улицу. Остановился у подъезда. Куда идти?

Шли все в одну сторону. Поспешно, словно спасаясь. Молодой человек с рыжею бородкою, по одежде рабочий, в очках, говорил:

— Вот он чем нас встретил! штыками да пулями. В толпе дворников и лавочников слышался злой говор:

— Студент. Переоделся.

Какой-то паренек в барашковой шапке быстро пробежал, крича:

— Товарищи, обходят!

Побежали.

Показались всадники. Они ехали медленно. На перекрестке собралась толпа рабочих. Слышались крики. Полетела в солдат пустая бутылка. Двое всадников отделились от строя. Нелепо махали шашками. Толпа разбежалась.

Пусторослев свернул в переулок. Шел куда-то. Шел поспешно, пробираясь наудачу к центру города. Не везде можно было пройти, — стояли цепи солдат, не пускали.

Шум, толпа, казаки, окрики часовых, — все это скользило мимо сознания. Пусторослев забыл, что его ждали, забыл о своем деле, — только мысль о Грише повторялась настойчиво и больно.

И вдруг увидел Гришу. Мальчик пробежал мимо, странно бледный на морозе. Крикнул Пусторослеву:

— Иди, иди за мною.

Черные на бледном лице глаза мгновенною молниею блеснули перед усталым взором Пусторослева. И в то же мгновение резкий звук рожка пронизал все уличные шумы.

— Гриша, вернись! — крикнул Пусторослев. Бежали мимо, кричали. Было видно много искаженных ужасом лиц. Улица пустела.

И опять Гриша. Подошел к Пусторослеву.

— Зачем они бегут? Чего они боятся? — спрашивал он, и голос его звенел и дрожал.

Такой бледный, и глаза так горят. Пусторослев взял его за плечо и сказал:

— Милый, вернемся домой. Здесь не надо стоять. Они убивают. Гриша засмеялся, — совсем, как тот, ночной мальчик. Пусторослев смотрел на Гришу с недоумением и тоскою. Белый и сияющий, как тот, ночной посетитель, мальчик говорил:

— И пусть убьют. Разве ты боишься? Умрём вместе. Не стоит жить с этими злыми людьми. Не хочу быть с ними.

Вдруг где-то странно близко послышался тупой гул и топот множества коней. Всадники приближались медленно и неуклонно. Лошадиные в пене морды были близки и странно добродушны и покорны, как всегда, — а над ними колыхались красные, свирепые и тупые лица.

И над гулом и топотом стройного воинства пронесся внезапный звонкий крик:

— Палачи!

Гриша оттолкнул руку Пусторослева и, звонко крича, побежал навстречу всадникам. Сверкнула белая, беспощадная улыбка, мелькнула в воздухе длинная стальная полоса, — офицер ударил Гришу.

Над детским трупом быстро мчались всадники.

Маленький изуродованный труп схоронили. Пусторослев остался жить, — усталый, безрадостный, втянутый в суету ежедневной работы для дела, — труд до подвига, но все еще без восторга.

Но длится время, и он ждет. Наступают великие дни. Опять придет сияющий рождественский мальчик.

Уже он приходит, приходит снова, тихий, вопрошающий, озаренный темною улыбкою, — подходит в тишине одинокого вечера и заглядывает в усталое лицо Пусторослева.

И опять слышит Пусторослев его тихий и настойчивый шепот:

— Я хочу. Я пойду с ними, — и ты пойдешь со мною, в новый мир, через эту дверь, темную, но верную.

И знает Пусторослев, что теперь он не оставит Гришу одного, — пойдет с ним, за ним. И шепчет:

— Милый? Где ты? Кто ты? И слышит:

— Приду. Вместе пойдем. И повторяет:

— Вместе умрем.

Страна, где воцарился зверь

На полуистлевших от времени листах папируса начертано много сказаний о делах и людях, давно отошедших в неизменную вечность. И вот одно из них. Оно несвободно от неясностей, причина которых, по всей вероятности, в том, что от целой рукописи сохранились лишь обрывки и смысл целого пришлось восстановлять, пользуясь аналогиями. Самое название страны неведомо нам, и конец рассказа не сохранился. В тех частях истории, которые носят фантастический характер, не совсем ясно, говорит ли древний летописец иносказательно, или и сам верит рассказу о чудесном превращении жестокого юноши.

Надлежало выбрать царя. И старейшины решили предоставить выбор судьбе. Пред наступлением ночи вынесено было за городские ворота золотое, драгоценными изумрудами и сапфирами украшенное яйцо и положено при дороге в траву. Кто придет из чужой страны, издалека, и поднимет затаенное в траве золотое яйцо, тот и будет царем в городе. Был ли таков обычай того места, или на этот раз особые гадания указали старейшинам города такой способ выбора,— не знаю. Но, по соображению некоторых обстоятельств события, предпочитаю второе объяснение.

Блистающий и светлый взошел над страною пламенеющий в небе Дракон, которому люди дают имя дневного светила, красного солнца, — блистающий и светлый, как и надлежало быть тому дню, когда великий воцарился над тою страною владыка. Старейшины вышли к городским воротам, а за ними и весь народ,— и все в благоговейном молчании ждали, кого укажет им судьба в цари. И долго дорога была безмолвна и пустынна, словно совещались великие боги или демоны той страны, и колебались долго, на ком им остановить свой чудесный выбор. И наконец решили.

По дороге, приближаясь к городу, шли два отрока, едва прикрытые грубыми и рваными одеждами. Один из них был смугл, тонок и черноволос; на голове другого вились рыжие кудри, сиявшие золотом в златопламенных взорах воздымавшегося на гору небес Змия. Тело рыжего отрока было оливкового цвета, щеки его пламенели румянцем, и глаза горели ненасытным желанием. Впрочем, лица обоих отроков были так сходны, как будто смуглое лицо одного отразилось в дивно пламеневшем зеркале и возник из-за чародейного стекла румяный и златоволосый двойник.

Весело разговаривая друг с другом и беспечно смеясь, отроки уже миновали затаенное в траве золотое яйцо. И приближались к городским воротам.

Гулкий тысячеустый ропот толпы вдруг остановил их. Испуганные и смущенные, стояли отроки у края пыльной дороги и озирались вокруг, стараясь понять, на что смотрит и дивится все это шумное множество. Смуглый отрок первый увидел яйцо. И подошел к нему.

— Смотри, Метейя, какая красивая в траве лежит игрушка, — сказал он своему другу.

И поднял яйцо. Рыжеволосый Метейя подбежал к нему и, с жадностью простирая к смуглому отроку руки, воскликнул просящим голосом:

— О, миленький Кения, отдай, отдай мне это золотое яичко! Дай, дай мне его.

Засмеялся Кения и отдал яйцо Метейе, говоря:

— На, возьми. Пусть оно будет твоим, если так тебе его захотелось.

И зарадовался Метейя. Подбрасывал яичко и любовался переливною игрою многоценных камней на нем.

Тогда вышли из ворот старейшины городские и поклонились отроку Метейе, держащему в руках золотое яйцо, и нарекли его царем того города.

Возник было в народе спор, кому быть царем. Некоторые легкомысленные юноши говорили, что на черноокого Кению надлежит возложить царскую диадему. Говорили:

— Черноокий отрок поднял яйцо наше и потом по своей воле дал его рыжему и жадному мальчишке. Черноокому и прекрасному Кении надо быть нашим царем,

он щедр и великодушен, как и подобает быть царю.

И прекрасные девы, подстрекая к непокорству любезных им юношей, шептали:

— Золотую диадему на смоляно-черные волосы Кении возложить,— как это будет красиво!

Но старые люди говорили:

— Царь не тот, который отдает, а тот, который требует и берет. Владыка нужен городу, а не мягкосердечный отрок с женственною душою.

И когда немногие приверженцы Кении вздумали упорствовать и длить бесполезные, но смущающие толпу споры, их связали, и тела их сожгли.

Так воцарился в той стране Метейя. Сказал вельможам:

94

— С другом моим Кениею шли мы долгим и трудным путем. Черные очи милого моего друга приметили в густой траве мое царское яйцо. Верным и преданным другом моим был и пребудет Кения, и место его да поставится самое первое, по правой стороне от моего царского, блистающего и украшенного ложа. На друга моего Кению самые богатые и красивые, какие только найдутся в городе, наденьте одежды и на руку ему дайте самое дорогое и красивое кольцо.

И сделали так, как повелел царь Метейя. По правой стороне от царя сидел отрок Кения, но не возгордился. Черные глаза его мерцали, как две погасшие, но все еще прекрасные звезды. Уста его алели, как две розы, как две яркие розы, над которыми рыдает соловей. И золотое кольцо с алмазом сверкало на его руке, как вечерняя звезда на багрово-дымном небе заката. И были глаза его без сияния, уста его без улыбки, и руки его не радовались.

Черными и спокойными смотрел он на царя Метейю глазами, и стало грустно царю Метейе, и однажды спросил царь Метейя друга своего Кению:

— Милый друг мой Кения, не завидуешь ли ты мне?

Кения склонил низко голову, как надлежит делать тем, к кому обращено царское высокое слово, и сказал спокойно:

— Великий царь, я тебе не завидую.

Царь нахмурился и спросил снова:

— Милый Кения, не хочешь ли ты быть царем?

И ответил Кения:

— Я не хочу быть царем.

— Кения, ты, может быть, думаешь, — продолжал спрашивать царь, — что ты поднял яйцо и потому имеешь право быть царем?

— Я поднял мое яйцо,— спокойно ответил Кения, — и подарил его тебе, царь. Теперь ты можешь владеть им и царствовать спокойно,— никто не отнимет его от тебя.

Замолчал царь Метейя и не знал, что еще спросить. Но черная досада томила царское сердце. И склонился к царю старейший и хитрейший из вельмож, седобородый Сальха, и стал шептать царю в уши злые и коварные речи.

— Великий царь, сокровище и утешение наше, — шептал Сальха, — твой друг Кения, которого за его красоту так похваляют неразумные юноши и любострастные девы, тот Кения, которого ты, по своей царской милости, возвел на высочайшее место и посадил по правую сторону от твоего пресветлого царского ложа, — он легкомысленно и дерзко называет своим яйцо, которое было у тебя в солнечнопламенеющих перстах в то время, когда мы вышли из-за городской ограды и, преклонившись пред твоим величием и твоею дивною красотою, нарекли тебя нашим владыкою. Своим называет он яйцо, которое могущественные боги этой страны вложили в твои державные руки.

Царь Метейя покраснел от гнева, и глаза его засверкали нестерпимым пламенем. Гневные обратил он взоры на друга своего Кению, но не смутился смуглый, черноокий отрок и пребывал безмолвным, неподвижным и спокойным, как черная ночь без зарниц и без звезд.

И приблизился к царю Метейе другой вельможа, творящий в той стране верховный суд, мудрый и злой Ханна, преклонился пред царем и стал шептать ему в уши столь же злые и коварные речи, как и речи коварного Сальхи.

— Великий царь, красотою своею затмевающий прекраснейшие светила небесные, светлым разумом своим и дивными, доблестями превзошедший мудрейших и славнейших в стране нашей и в иных ближних и дальних странах, — так шептал царю злой Ханна, — друг твой Кения, возведенный тобою и щедро награжденный за ничтожную услугу, дерзает думать, а может быть, даже и говорить, что он лучше тебя, потому что он отдал тебе твое царское яйцо и таким образом превзошел тебя в щедрости и великодушии. Друг твой готов стать твоим врагом, великий государь. Воистину, жестокого достоин наказания тот, кто злоумышляет против великого нашего царя.

Дрожа от гнева, сжимая царский посох в трепетных — руках, густо покрытых рыжими волосами, царь Метейя спросил друга своего Кению:

— Скажи мне, Кения, кого из нас двоих считаешь ты лучшим и более достойным почитания?

— Великий царь, — спокойно ответил Кения, — люди почитают тебя, как своего владыку, и поклоняются тебе, и я с ними. Я — твой верный слуга и раб и пребуду тебе неизменно верным и послушным.

В гневе царь Метейя встал и воскликнул:

— Боги возвели меня на царский престол, потому что я лучше всех людей в этой стране и во всех других, и лучше тебя.

И ответил Кения:

— Царь, ты и я, — отроки, ничего еще не совершившие на земле, достойного похвалы или порицания. Кто из нас лучше другого, никто этого не знает и не скажет.

— Так,— удивляясь дерзости своего друга, тихо сказал царь

Метейя, — и в самом деле не думаешь ли ты, что ты лучше меня, своего царя и владыки?

— Великий царь, — возразил Кения, — я этого не думаю. Я думаю, что мы оба одинаковы. Недаром выросли мы вместе и так похожи один на другого лицом. Когда на румяной заре утренней или при багряно-красном небе заката я наклоняюсь к ручью, чтобы утолить мою жажду, мне кажется, что твое, о царь, лицо с приветливою улыбкою наклоняется ко мне, и твои губы тянутся навстречу моим для сладостного братского целования. Различаясь от меня цветом волос и кожи, пламенея румянцем, который у меня скрыт под смуглым цветом моего тела, ты так похож на меня, как будто отраженное в пламенеющем зеркале мое изображение. Ты прекрасен, как я, и так же, как я, щедр, милостив и великодушен.

И тогда все вельможи подняли шумный, негодующий крик, обвиняя Кению в том, что он осмелился приравнять себя к великому владыке. Яростью наполнилось сердце царя Метейи, и он приказал нещадно бичевать друга своего Кению смолистыми, гибкими плетьми.

Когда голый и связанный лежал перед царем Кения, стеня и вопя от нестерпимой боли, и багровыми полосами покрывалось его стройное, прекрасное тело, и горячие капли его крови брызгали в лицо царю Метейе, в это время свирепая радость истязаний вошла в сердце юного царя, — и он громко смеялся и радовался воплям и мучениям друга своего Кении. И все множество предстоящих смеялось вместе с ним.

Возопил тогда Кения:

— О, великий царь, вспомни, что это я поднял и отдал тебе твое царское яйцо, — вспомни и сжалься надо мною!

В ответ ему закричал диким, громким голосом разъяренный царь:

— Помню, Кения, все помню, — и чтобы ты вперед не величался предо мною, вот, повелеваю верным слугам моим засечь тебя до смерти.

Исполняя повеление царя, били черноокого Кению до тех пор, пока не затихли его стоны, — и потом вынесли его тело и бросили у порога царского чертога.

С того дня ненасытною жестокостью напиталось сердце царя Метейи, и радостны стали ему вопли истязуемых. Всякого, кто говорил слова сожаления о милом отроке Кении или слова укоризны жестокому и неблагодарному царю, всякого приказывал он приводить к подножию его престола и мучить до смерти. И веселился.

Потом, пресыщенный зрелищем изуродованных тел,

опьяненный запахом горячей, изобильно пролитой крови, упивался он винами и забавлялся с плясуньями, очаровательницами змей, гадательницами и другими распутными женами и девами. Вельможи и старейшины городские не останавливали его и пировали с ним вместе, радуясь, что царь не вникает в дела правления и не препятствует им, алчным и жестокосердным, обогащаться на счет вдов, сирот и голодающих от неурожая. Развратные сыновья вельмож пировали с царем и забавляли его своим бесстыдством.

Настали тогда в стране той дни великого плача и смятения. Жены, девы и юноши тайно сходились в лесах по ночам, сожигали богам многие многоценные жертвы и страшными чарами вызывали и заклинали умерщвленного отрока Кению. И возник из могильного мрака умерщвленный жестокими черноокий отрок.

Однажды, когда царь пировал с своими вельможами и неразумными юношами, пришел к нему Кения. И ужаснулись пирующие.

На вечернем небе догорала быстрая заря. Долины полны были мглистым туманом. Совсем белая на молочно-алом зареве заката светилась первая звезда,— и откинулась вдруг тяжелая завеса царской двери, и темный на светлом зареве зари явился и стал черноокий, черноволосый, весь смуглый, в белой короткой одежде, обнажавшей прекрасные руки и ноги, Кения. Кто-то, бессмысленно-пьяный, еще горланил, повалясь щекою на стол,— но безмолвием и ужасом зачарованы были обращенные на Кению взоры пировавших. Звякнула о кипарисные доски пола выпавшая из чьей-то руки золотая чаша, и покатилась тихо, дугообразный чертя по полу путь, между царем и Кениею, и темная, багряная, как кровь, струя вина коснулась нагих ног восставшего из могильного мрака отрока.

Тихо подошел Кения к царю и сел рядом с ним, по правую сторону, на то место, где сидел раньше и куда еще никого не посадил царь.

Царь спросил, трепеща от страха и от гнева:

— Ты жив, Кения?

И ответил ему Кения:

— Я встал и пришел к тебе. Некогда вместе с тобою шел я в этот город, и были мы оба радостны и невинны. Потом, отдав тебе мое яйцо, рядом с тобою сидел я, незнающий и простодушный. Но вот ярость высокой царской власти распалила твое сердце и разделила нас, и тяжкие по твоей воле перенес я муки. Ныне пришел я к тебе знающий и мудрый и наделенный силою, которой у тебя нет, хотя ты и царь великой страны. Я поднял многоценное яйцо, положенное благими и мудрыми и охраняемое неразумными и злыми. Оно мое, и мое все то, что соединено с его обладанием. Но ныне, изведав, как ярит человека высокая власть, я, Кения, тот, на кого дивно похож лицом царь Метейя, я не хочу быть царем. Да не будет, о великий царь, между нами предмета разделения и раздора. Поделимся мирно, — ты оставь себе многоценные изумруды и сапфиры царской власти, а мне отдай тяжелое золото, моими руками поднятое, моею кровью омытое.

Дикий гнев зажег царские взоры, и возопил царь:

— Крамольную слышу речь, мятежный вижу взор непокорного раба. Где же вы, мои верные слуги? Возьмите мятежника, многими измучьте его муками, бейте его перед очами моими, бейте его гибкими смолистыми плетьями и кнутами из воловьей кожи, залейте его горло растопленным свинцом, вырвите его черные колдовские глаза.

Так все сделали, как повелел жестокосердно усердным рабам их жестокий царь. Страшным голосом вопил истязуемый отрок. Выше перистых облаков возносились его пронзительные вопли. Выше небес возлетали бы они, если бы над землею простирались небеса.

Замучили до смерти, выволокли изуродованный труп за городскую ограду и бросили на гноище. А вдалеке в это время, чуя свежую кровь, выли трусливые шакалы.

Пели в царском чертоге хриплыми с перепоя голосами веселые и непристойные песни. Плясали перед царем голые блудницы. Царь хохотал и тонким хлыстом подстегивал плясуний, чтобы вертелись проворнее. Полупритворные визги голых блудниц радовали его.

И опять длились дни жестокостей и злодеяний. И опять в глухих лесах заклинали страшными ночными чарами замученного отрока. И опять возник Кения, и опять пришел в царский чертог. Изрубили его на куски и бросили его собакам.

И когда опять пришел Кения, сожгли его вместе с тысячью плакавших о нем юношей и дев. Всех загнали в один дом, обложили его сухим хворостом, облили хворост смолою и зажгли. Радостно-яркое высоко взметнулось пламя, обливая багровою кровью ночные облака, и дикий вопль тысячи сожигаемых разносился далече окрест, пугая свирепых тигров, рыщущих в прибрежных тростниках в поисках за живою добычею. А люди, угождая свирепому своему владыке, плясали вокруг объятого пламенем дома.

Но опять пришел Кения. И ужаснулся разъяренный царь. Спросил непрестанно восстающего отрока:

— Или бесконечными хочешь ты сделать твои и мои муки?

Улыбаясь, возразил Кения:

— Твоя воля, великий царь. Отдай мне мое золото, и будешь покоен.

— Не отдам, — возопил царь, — снова и снова предам тебя несказанным мучениям, доколе не утомишься страданиями, доколе не уйдешь в вечную тьму!

— Царь Метейя, — возразил Кения, — уже не могу я сойти с того круга непрестанных возвращений к тебе, на который поставили меня верховные силы. Или отдай мне золото моего яйца, или своими зубами загрызи меня, пожри меня, как дикий зверь пожирает добычу, которую подстережет в пустынном месте. И станешь тогда зверем, но зато победишь меня, и к тебе, зверю, уже я не приду никогда.

Поник головою царь Метейя. Долго думал. Наконец сказал:

— Да будет так. Я — царь, и мне надлежит победить тебя, какою бы то ни было ценою. Лучше быть зверем, побеждающим и торжествующим, чем человеком, который уступает и отдает свое.

Засмеялся черноокий Кения. Тогда дивное превращение в один миг свершилось с царем. Все тело его покрылось густою рыжею шерстью, такого же цвета, какими были у Метейи волосы. Гибким, как у бенгальского тигра, стало тело Метейи, опустилось на четвереньки,— взметнулся внезапно выросший напряженный хвост,— острые когти явились на руках и ногах, обратившихся в огромные страшные лапы. Прекрасная страшно изменилась голова: челюсти стали огромны, и ужасные во рту засверкали клыки, белые, изогнутые, острые. Зеленые огни зажглись в округлившихся глазах Метейи. Яростно вопиющий голос царя Метейи стал рыканьем дикого зверя, наводящим ужас на отважнейших мужей. Проворным, могучим прыжком бросился обращенный в зверя Метейя на Кению и, радостно мурлыча и ворча, стал пожирать его сладкую плоть, дробя зубами его кости, и трепетно прядали косматые звериные уши, внимая последним воплям Кении.

Пожрал друга своего царь Метейя, обратившийся в зверя. Вельможи и старейшины радовались и славили царя Метейю. Говорили они, упоенные злобною радостью:

— Дивное чудо сотворили великие боги в знак милости к нашей стране. Возлюбленному царю нашему Метейе дали они грозный облик зверя, чтобы его страшные когти и могучие челюсти сокрушали кости его врагов, как хрупкий, хрустящий тростник.

И водили зверя по улицам на страх трепещущим врагам. Блистающею диадемою увенчана была голова зверя, алмазное ожерелье висело на его шее, яркие яхонты и блистающие изумруды сверкали в рыжей звериной шерсти. Благоуханными цветами нагие девы осыпали путь зверя,— и облит был жаркою кровью его страшный след. Народ повергался ниц перед высоким зверем, и зверь выбирал себе добычу среди покорно склоненных и нежные пожирал тела юношей и дев.

Темён конец повествования. Дева с горящим углем в груди (может быть, следует читать "дева с пламенным сердцем") умертвит зверя,— так обещали ночные гадания в тайном лесу. Но был ли умерщвлен зверь? Освободились ли из-под ужасной власти свирепого зверя трепетавшие перед ним люди? Неведомою осталась судьба страны, где воцарился зверь, и самое имя страны поглощено забвением.

В толпе

I

Древний и славный город Мстиславль справлял семисотлетие со дня своего основания.

Это был город богатый, — промышленный и торговый. В нем самом и в его окрестностях понастроено было много фабрик и заводов, из которых иные славились на всю Россию. Население быстро возрастало, особенно в последние годы, и достигло внушительной цифры. Стояло много войска. Много жило рабочих, торговцев и чиновников, студентов и литераторов.

Думцы решили праздновать на славу день основания города. Пригласили властей, позвали Париж и Лондон, а также Чухлому и Медынь, и еще некоторые города, но с очень строгим выбором.

— Знаете, чтобы не лезли всякие, — объяснял городской голова, молодой человек купеческого происхождения в европейского образования, известный тонкой галантностью своего обхождения.

Потом как-то вспомнили, что надо же позвать также Москву и Вену. И этим двум городам послали приглашения, но когда уже оставалось до праздника всего только две недели.

Литераторы и студенты упрекали голову в такой неуместной забывчивости. Голова смущенно оправдывался:

— Захлопотался. Совсем из ума вон. Так много дела, — вы не поверите. Редко и дома ночую: все комиссия за комиссией.

Москва не обиделась, — свои, мол, люди, сочтемся, — и поспешила прислать депутацию с адресом. Веселая же Вена ограничилась открыткой с поздравлением. Открытка была художественно разрисована: голый мальчик в цилиндре сидел верхом на бочке и держал в поднятой руке бокал с пивом. Пиво пышно пенилось, мальчик весело и плутовато улыбался. Он был круглолицый и румяный, и члены городской управы нашли, что улыбка его вполне прилична торжеству, — веселая, добронемецкая. И весь рисунок нашли очень сильным. Только не совсем согласны были в определении его стиля;

одни говорили: "модерн", другие "рококо".

В городе немощеном, пыльном, грязном и темном — в городе, где было много уличных скверных мальчишек и мало школ, — в городе, где бедные женщины, случалось, рожали на улицах, — в городе, где ломали старые стены знаменитой в истории крепости, чтобы добыть кирпича на постройку новых домов, — в городе, где по ночам на людных улицах бушевали хулиганы, а на окраинах беспрепятственно обворовывались жилища обывателей под громкие звуки трещоток в руках дремотных ночных сторожей, — в этом полудиком городе для съехавшихся отовсюду почетных гостей и властей устраивались торжества и пиршества, никому не нужные, и щедро тратили на эту пустую и глупую затею деньги, которых не хватало на школы и больницы.

И для простого народа, — нельзя же и без него обойтись, — готовились увеселения на городском выгоне, в местности, именуемой почему-то Опалихой. Строились балаганы, — один для народной драмы, другой для феерии, третий для цирка, — ставились американские горы, качели, мачты для лазания на приз. Скоморошьему деду купили новую бороду, кудельную, и обошлась она городу дороже шелковой, — уж очень художественно сделана.

Для раздачи народу изготовили подарки. Предполагали давать каждому кружку с городским гербом и узелок: платок с видом Мстиславля, и в нем пряники да орехи. И таких кружек да платков с пряниками и орехами наготовили много тысяч. Заготовляли заблаговременно, — а потому пряники стали ко дню праздника черствые, а орехи — гнилые.

За неделю до дня, назначенного для народного праздника, на Опалихе поставили столы, и пивные буфеты, и две эстрады, — платную для публики и другую для почетных приглашенных.

Между буфетами оставили узкие проходы, чтобы за подарками к столам подходили по очереди и по одному человеку. Так придумал голова, для вящего порядка. Он был умный и рассудительный молодой человек.

Накануне праздника привезли подарки, сложили их в сарай и заперли.

Народ, заслышав про увеселения и про подарки, толпами шел со всех сторон к древнему и славному городу Мстиславлю, крестясь издали на золотые маковки его многочисленных церквей. Говорили, что подарки-то подарками, а что, кроме того, будут еще на Опалихе бить фонтаны из водки и пить водки можно будет сколько хочешь.

— Хоть опейся.

Многие приходили издалеча. И заранее. Уже накануне

праздника на городских улицах шлялось много дальних пришельцев. Больше всего было крестьян, много было и фабричных рабочих. Были и мещане из соседних городов. Приходили, а кто и приезжал.

И вот уже несколько дней продолжалось празднование в городе. Веяли флаги на домах, висели гирлянды из зелени. Служились молебствия. Сделали парад войскам. Потом смотр пожарной команде. На торговой площади был базар, веселый и шумный.

Наехало много знатных посетителей, своих и заграничных, лиц чиновных и сановных, и много любопытных туристов. Местные жители толпами выходили на улицы и глазели на приезжих гостей. Знатные иностранцы были предметом особого внимания, не очень, впрочем, дружелюбного. Старались и нажиться: квартиры, пища, товары — все вздорожало.

Настал канун народного праздника. Город, как и все эти дни, горел праздничными огнями. В городском театре был назначен парадный спектакль, а после него — большой бал в губернаторском доме. А толпа валила на Опалиху. И надзора за ней не было. Раздача подарков назначена была с десяти часов утра, и городское начальство было уверено, что раньше раннего утра никто не пойдет на Опалиху. Но раньше раннего утра была ночь, и еще раньше был вечер. И с вечера стала толпа собираться па Опалиху, так что к полуночи перед сараями, отделявшими площадь народного гулянья от городского выгона, стало тесно, шумно и тревожно.

Говорили, что собралось несколько сот тысяч. Даже полмиллиона.

II

На Никольской площади у самого обрыва стоял домик Удоевых. Над обрывом разбит был сад, и из него открывался великолепный вид на нижние части города. Заречье и Торговый конец, и на окрестности.

С высоты все очищалось и казалось маленьким, красивым и нарядным. Мелкая, грязная Сафат-река отсюда являлась узкой лентой переменчивой окраски. Дома и торговые ряды стояли игрушечные, экипажи и люди двигались мирно, тихо, бесшумно и бесцельно, пыль вздымалась легкая, еле видная, и тяжкие ломовые грохоты доносились наверх едва слышной музыкой подземелья.

Против дома Удоевых, через площадь — казначейство, окрашенное охрой, унылое двухэтажное здание. Там служил глава семьи, статский советник Матвей Федорович Удоев.

Забор около дома Удоевых был серенький и прочный, беседка в саду стояла такая милая и уютная, сирень благоухала, плодовые деревья и ягодные кусты обещали что-то радостное и сладостное, — хозяйственно, основательно устроилась семья старого и почтенного чиновника.

Дети Удоева, пятнадцатилетний гимназист Леша и его две сестры, Надя и Катя, девицы двадцати и восемнадцати лет, тоже собрались идти на Опалиху, на праздник. Оттого они были так веселы и так радостно волновались.

Леша был белый, смешливый и прилежный мальчик. Особых, ярких примет он не имел: учителя в гимназии часто смешивали его с другим, тоже белолицым и скромным гимназистом. Девицы тоже были скромные, веселые и добрые. Старшая, Надя, была поживее, непоседлива и порой даже шаловлива. Младшая, Катя, была совсем тихоня, любила помолиться, особенно в монастыре, и очень легко переходила от смеха к слезам и от плача к смеху, — и обидеть ее было легко, и утешить, и насмешить — нетрудно.

И мальчику, и девицам очень хотелось достать по кружке. Они еще заранее выпросились у родителей — идти на Опалиху.

Отпускали их на Опалиху неохотно. Мать ворчала. Отец молчал. Ему было все равно. Впрочем, тоже не нравилось.

Матвей Федорович Удоев был молчаливый, высокий, рябой и равнодушный человек. Пил водку, но в умеренном количестве, и почти никогда не спорил с домашними. Домашняя жизнь шла мимо него. Как и вся жизнь...

Проходила мимо, как облака, пролетающие и тающие на пронизанном солнечными светами небе... Мимо, как неутомимо шагающий странник, мимо ненужных ему зданий... Как ветер, веющий из страны далекой... Мимо, мимо, все мимо...

III

Леша и обе сестры стояли у ворот и смотрели на прохожих. Было шумно и людно. Шли люди, нарядившиеся, и видно, что чужие. Шли больше в одну сторону — к Опалихе. Гул среди толпы наводил на детей смутную тревогу.

Подошли соседи, Шуткины: молодой человек, мальчик и две девушки. Перебросились несколькими незначительными словами, как часто встречающиеся и привыкшие друг к другу люди.

— Идете? — спросил старший Шуткин.

— Идем, утром! — ответил ему Леша. Надя и Катя улыбнулись, радостно и слегка смущенно. Шуткины чему-то засмеялись. Переглянулись. Пошли к себе домой.

— Они хотят раньше нас идти, — догадалась Надя.

— Ну и пусть, — сказала Катя и опечалилась.

Дом Шуткиных стоял рядом с усадьбой Удоевых. Выделялся своим неряшливым и ветхим видом.

Молодые Шуткины были все порядочные сорванцы и шалопаи. Пускались на дерзкие шалости. Подбивали порой и детей Удоевых на шалости, и нередко довольно крупные.

Шуткины были смуглые, черноволосые, как цыганы. Старший брат служил письмоводителем у мирового судьи. Лихо играл на балалайке. Сестры, Елена и Наталья, любили петь и плясать. Делали это с большим одушевлением. Младший брат Костя был отчаянный озорник. Учился в городском училище. Не раз грозили выгнать его оттуда. Пока еще держался кое-как.

Удоевы вернулись домой. Было неловкое и тревожное настроение. Не сиделось на месте.

Уже решили идти рано утром. Но сборы начались с раннего вечера. И чем ниже клонилось усталое солнце, тем сильнее нарастало беспокойство и нетерпение детей. Все выбегали к воротам, посмотреть, послушать, поболтать с соседями, с прохожими.

Больше всех беспокоилась Надя. Она очень боялась, что опоздают. Досадливо говорила брату и сестре:

— Вы проспите, непременно проспите, уж я это предчувствую. И нервно поламывала тонкие, хрупкие пальцы, что у нее всегда служило признаком сильной взволнованности.

В ответ ей Катя спокойно улыбалась и уверенно говорила:

— Ничего, не опоздаем.

— Надо же и спать, — лениво сказал Леша.

И вдруг ему стало лень, и он подумал, что неприятно и ни к чему рано вставать, и не захотелось идти. Надя быстро и горячо возражала:

— Вот еще! Спать. Ничего не надо спать. Я совсем сегодня не буду спать.

— И ужинать не будешь? — поддразнивающим голосом спрашивал Леша.

И вдруг всем им стало казаться, что нарочно долго не дают ужина, и забеспокоились. Часто смотрели на часы. Приставали к отцу.

Надя ворчала:

— Что это, сегодня, как нарочно, часы у нас отстают. Ужинать давно пора. Этак немудрено и проспать завтра, если за полночь ужинать не дают.

Отец угрюмо говорил:

— Ну, чего пристаете? То один, то другой.

И смотрел на детей не различающим взором, словно он видел в них только то, что их трое. Равнодушно вынимал часы и показывал. Было еще совсем рано. Никогда так рано не собирались ужинать.

Между тем в дом к Удоевым с разных сторон приходили вести о том, что на Опалиху уже собираются, — идут толпами, — что там уже толпа, — целый лагерь, с ночлегами и чуть ли даже не с палатками. И уже начали догадываться дети, что утром поздно будет идти на Опалиху, — уже тогда не добраться будет. И от этого настроение в доме Удоевых делалось тревожным не в меру.

Мимо дома Удоевых шли. Все больше и больше народа проходило. В толпе были и плохо одетые. Было много мальчишек. Было шумно, весело и празднично.

IV

У ворот дома Удоевых остановилось несколько человек. Слышался оживленный говор, спор, смех.

Леша и сестры опять выбежали за ворота.

Стояли кучкой несколько мужиков и баб. С ними несколько мещан из здешних. Разговаривали громко, недружелюбным тоном, словно переругивались.

Пожилая бойкая мещанка с остреньким и хитрым лицом, одетая в ситцевое платье, яркое от праздничной нарядности и шумящее от накрахмаленной новизны, с розовым платочком на масляно причесанной голове, говорила высокому, степенному крестьянину:

— Да вы бы на постоялом остановились. Старик крестьянин отвечал неторопливо и вдумчиво, словно подыскивая точные слова для выражения значительной и глубокой мысли:

— Дерут больно ваши дворники. Дерут, слышь. Никак, значит, ты с ними не сообразишься. Обрадовались. Креста на вороту нет у людей. Дорвались, слышь, до добычи. Дерут больно. Разбогатеть, знатко, охота.

Добродушный паренек, белолицый и светлоголовый, с вечной улыбкой на пухлых губах и с кроткими ясно-голубыми глазами, сказал:

— Есть добрые люди, что и даром пускают.

На него все посмотрели насмешливо. Заговорили:

— Есть, да не здесь.

— Поищи-ка таких, да и нам скажи.

Смеялись, почему-то злорадно, хотя, по-видимому, для злорадства не было никакого основания. Паренек ухмылялся, поглядывал вокруг невинными глазами и уверял:

— А меня пустили. Правда. Одна тут пустила.

— Гладок ты больно, — сказал рыжий и корявый мужик.

Подошли две сестры Шуткины, Елена и Наталья, во всем похожие очень одна на другую, так что странно было смотреть, что одна из них рыжая, а другая черноволосая, и их старший брат. Слушали и лукаво улыбались, и почему-то казалось сегодня, что улыбки у них скверные и сами они нечистые.

Подмаргивая сестрам Удоевым, старший Шуткин сказал:

— Рано вставать будете завтра?

— Да, — живо заговорил Леша, — встанем пораньше, до восхода, раньше всех придем.

И вдруг вспомнил, что никак невозможно прийти раньше всех, и стало досадно.

— Ну да, встанете, где вам! — сказал Шуткин. Сестры его смеялись нагло и лукаво. И непонятно было, зачем и чему они смеются. Старший Шуткин сказал:

— Что рано ходить! Это выйдет, как мы в прошлом году в монастырь ходили к заутрене.

— Вот то была потеха! — с хохотом крикнула Елена. И видно было, что и ей, и ее рыжей сестре все равно было, над

108

чем смеяться, и вовсе не казалось странным и непристойным

издеваться над собой же Шуткин рассказывал:

— Это еще в прошлом году было. Легли мы рано, без огня. Выспались, встали. Часов у нас в те времена не было, они в ученье залежались по той простой причине, что у нас тогда было превышение расходов над доходами, и была необходимость прибегнуть к выпуску облигаций внешнего двенадцатипроцентного займа. Ну вот, мы и пошли. Пошли, пошли да и пришли. Видим, еще заперто все. Думаем, еще рано пришли. Сели мы на скамейку у врат обители святой. Сторож к нам подошел, спрашивает этак с довольно натуральным удивлением: — Вы что тут расселись? Ай дома, говорит, скучно стало? — А мы говорим ему очень даже непринужденно, — к заутрени, говорим, пришли; монахи-то ваши, говорим, разоспались сегодня. А он нам: эк вас, говорит, принесло ни свет ни заря! — да ведь еще только одиннадцать часов недавно било. Неужели, говорит, дожидаться будете? Пошли бы, говорит, домой. Ну, мы послушались разумного совета, пошли себе к дому. Было смеху.

И Шуткины, и Удоевы смеялись.

В это время прибежал, запыхавшийся и потный, младший Шуткин, Костя. Радостно кричал:

— Я уже слетал на Опалиху.

— Ну что? Как? — спрашивали его и свои и Удоевы. Костя с радостным хохотом говорил:

— Мужичья привалило видимо-невидимо. Все поле чисто запрудили.

— Вот чудаки-то! — с досадливым смехом сказал Леша. — Ведь в десять часов раздача начнется, а они с вечера пошли. Старший Шуткин засмеялся, подмигнул сестрам.

— Кто вам это сказал? — крикнул он. — Начало в два часа будет, чтобы заморские гости успели посмотреть. Они рано не привыкли ложиться. И встают поздно.

— Нет, это неправда, в десять начало, — горячо возражал Леша.

— Нет, в два, в два, — в голос закричали все Шуткины. И по их наглому смеху и переглядыванию сразу было видно, что они лгут.

— Ну, я сейчас верно узнаю, — сказал Леша. Сбегал к секретарю городской управы, — его дом был недалеко. Вернулся ликующий. Кричал издали:

— В десять.

Шуткины посмеивались и уже не спорили.

— Да это вы нарочно придумали, — сказал Леша, — чтобы уйти пораньше, без нас. Ишь вы какие!

Оживленно пробежал гимназист Пахомов, тонкий и вертлявый мальчик. Наскоро поздоровался с Удоевыми. Шуткины смотрели на него недружелюбно.

— Ну что, идете? — спросил он и, не дожидаясь ответа, сказал: — Мы с вечера. Многие с вечера идут.

Торопливо простился. Глянул на Шуткиных, хотел было поклониться, но передумал и убежал. Шуткины злобно смотрели за ним. Смеялись. Удоевым неприятно странен казался их смех, — к чему он?

— Чистоплюйчик! — презрительно сказал Костя. Елена злобно и громко сказала:

— Хвастунишка. Где ему! Врет.

Вечер был такой тихий и прекрасный, что не нужно грубые слова Шуткиных звучали особенно режущим разладом.

Солнце только что зашло. На облаках еще отражался пламенный отблеск его прощальных, его багряно-мертвых лучей.

Такой прекрасный, такой мирный был вечер... А жгучий яд мертвого Змия еще струился над землей.

V

Удоевы вернулись домой. Было жутко и неловко, и не знали, что с собой делать. Из-за всякого пустяка вспыхивали ссоры и споры. Непоседливость обуяла всех.

И Леша сделался вдруг беспокойным и тревожным, как Надя.

— Придем к шапочному разбору, — громко и досадливо сказал он.

Как часто бывает, эти незначительные слова решили дело. Надя сказала:

— Так пойдемте лучше с вечера.

И с ней все согласились и вдруг зарадовались.

Весь вдруг покраснев, Леша кричал:

— Конечно, уж если идти, так теперь. Побежали все трое к отцу, — спрашиваться.

— Мы передумали, пойдем с вечера! — кричала Надя, вертясь перед отцом.

Отец угрюмо молчал.

— Ночь-то одну не поспать, — не беда, — говорил Леша, словно стараясь убедить в чем-то отца.

Но отец продолжал молчать, и лицо его было по-прежнему неподвижно-угрюмо.

Дети оставили его. Побежали к матери. Мать заворчала.

— Папа позволил, — кричал Леша. И сестры смеялись, и болтали весело, звонко. С радостным визгом бегали все трое по дому, по саду. Торопили ужин.

Вспомнили о Шуткиных. Почему-то досадно было воспоминание о них. Леша сказал сестрам:

— Только Шуткиным ни гугу. Сестры согласились.

— Само собой, — сказала Надя, — ну их! Катя нахмурилась, протянула:

— Такие противные!

И сейчас опять радостно засмеялась.

За ужином дети ели торопливо, и не хотелось есть, и досадно было, что старики так копаются, как будто и нет ничего особенного.

Когда уже кончали ужин, отец вдруг уставился на детей и долго смотрел на них, так долго, что они присмирели под его угрюмо-равнодушным взглядом, и наконец сказал:

— С пьяными толкаться, — большое удовольствие. Надя быстро покраснела и принялась уверять:

— Да нет пьяных. Никаких нигде нет пьяных. Право, даже странно, а только около нашего дома сегодня весь день совсем не видно было пьяных. Так что даже удивительно.

Катя весело засмеялась и сказала:

— Только о подарках и думают, и пить не хотят. Не до того. Наконец кончился ужин.

Побежали — одеваться. Девицы хотели было принарядиться по-праздничному. Но мать решительно восстала.

— Куда? Зачем? С мужиками толкаться? — сердито говорила она.

И видно было по всей ее внезапно насторожившейся фигуре и по ее серому, незначительному лицу, что она ни за что не допустит порчи праздничного платья.

Пришлось девицам надеть наряд попроще.

Наконец выбрались из дому. Побежали по крутому съезду к реке. И вдруг, едва спустились, увидели Шуткиных.

Пришлось идти вместе. Было досадно.

Досадно было и Шуткиным. Ни те, ни другие не придут раньше. Потерян случай похвастаться, подразнить.

Шуткины придумывали разные насмешки над Удоевыми. Несколько раз по дороге чуть не поссорились.

Вечер был как день, оживленный и шумный.

Над городом тихо мерцали звезды, как всегда, такие далекие, такие незаметные для рассеянного взгляда, и такие близкие, когда вглядишься в их голубые околицы.

Ясное бледное небо быстро темнело, и радостно было смотреть на неизменно совершающееся в нем таинство открывающей далекие миры ночи.

В монастыре звонили, -отходила всенощная. Светлые и печальные звуки медленно разливались по земле. Слушая их, хотелось петь, и плакать, и идти куда-то.

И небо заслушалось, заслушалось медного светлого плача, — нежное умиленное небо. Заслушались, тая, и тихие тучки, заслушались медного гулкого плача, — тихие, легкие тучки.

И воздух струился разнеженно-тепел, как от множества радостных дыханий. Приникла и к детям умиленная нежность высокого неба и тихо тающих тучек. И вдруг все окрест, и колокольный плач, и небо, и люди, — на миг все затлелось и стало музыкой.

Все стало музыкой на миг, — но отгорел миг, и стали снова предметы и обманы предметного мира.

Дети торопились из города, туда, на долину Опалихи.

А в городе людно было и шумно, и казалось, что весело. Над домами веяли флаги. На улицах горели праздничные огни, — и от этого кое-где пахло противным салом.

Толпы ходили по улицам, по съездам, по набережной реки Сафат. Шныряли и смеялись в толпе дети. И все было звонко и весело, как в сказке и как не бывает в жизни, обычной и серой. И от этого, вся насквозь закутанная общим гулом, людская молвь казалась звучащей и вдруг сбыточной.

Проезжали экипажи с почетными гостями, и улыбались толпе любезные липа важных господ и госпож.

Слышался из экипажей тихий, невнятный, чуждый говор и легкий смех.

Враждебными глазами глядели на проезжающих богатых господ Шуткины. И злые и глупые у них рождались мысли.

И уже когда выходили из города, старший Шуткин, глупо скаля зубы, сказал:

— Ловко бы теперь подпалить город. Иметь свою приятность, я вам доложу.

Его сестры и Костя захохотали. Катя дрогнула, передернула плечиками, воскликнула тревожно:

— Что вы, как можно? Какие вы страхи говорите!

— То-то была бы суматоха, — восхищался Костя, прыгая и визжа.

— Да ведь и вы погорели бы, — с удивлением сказала Надя, — что ж вам радоваться!

— Ну вот, — возразила Наталья, — чему у нас гореть-то! Не жалко.

Надя посмотрела на нее. В слабом отблеске дымных праздничных плошек ее веснушчатое лицо и рыжие волосы являлись пламенеющими, и оттого что ее ноздри трепетали, казалось, что по лицу бежит огонь.

VI

До Опалихи добежали быстро, подгоняемые лихорадочно-радостным волнением.

Еще издали доносился смутный и грозный гул людского множества. Наводил жуткий и сладкий страх. В набегающей с порывами ночного ветра тьме они бежали. С ними, то перегоняя, то отставая, шли, торопились люди. Большие и малые. Мужчины, женщины, дети и старики. Больше молодежь. И все были так же взволнованы, и голоса звучали неровно, и смех поднимался и вдруг затихал.

За поворотом дороги вся долина Опалихи открылась разом темная, жутко-шумная, тревожная.

Кое-где горели костры, на окраине Опалихи, — и от этого поле казалось еще более темным.

Видны были огни костров и дальше. Но видно было, как они один за другим дымно гаснут вдали дымно-шумного поля. Должно быть, толпа гасила их ногами, топтала грубыми сапогами их внезапные, пламенно-стремящиеся души.

И еще более жуткий, и еще более сладкий страх охватил Удоевых, затрепетал за их дрогнувшими плечами. Но они храбрились.

Шуткиных радовало, что будет давка, беспорядок, смятение и потом можно будет долго рассказывать любопытные и значительные подробности разных происшествий.

Старший Шуткин смотрел на шумное темное поле, глупо ухмылялся и говорил с непонятной радостью:

— Беспременно кого-нибудь из слабеньких раздавят. Вот уж вы увидите.

Но не смели Удоевы поверить в близость несчастья и смерти. Это поле, где шумное множество, — и смерть. Не может быть.

— Да уж не без того, что раздавят, — странно-незнакомым голосом сказала одна из сестер Шуткиных.

И кто-то засмеялся грубо и невесело темным в темноте смехом.

— Ну да! — равнодушно сказала Катя.

Стало на минуту скучно. Оттого что темно. От мгновенных и неверных озарений костров. И стали смотреть, и слушать, и пошли вперед, куда-нибудь.

По озаренным кострами лицам, — по большей части очень молодым, — по беззаботным голосам и смеху казалось, что всем очень весело.

По всему полю ходили, стояли, сидели шумные множества людей.

Втягиваясь все более в это смутное многолюдство, Удоевы заразились опять веселостью и бодростью толпы, оставившей привычные людские кровы и стены.

Стало весело. Слишком весело.

Шуткины отошли куда-то и уже не встречались больше. Но зато Удоевы встречали других знакомых. Многих видели. Перекидывались веселыми разговорами. Сходились и опять расходились в толпе.

Шли вперед, а может быть, в сторону, и поле казалось бесконечным. И казалось так занимательно, что попадаются все иные лица.

— Да тут превесело. И не заметишь, как ночь пройдет, — говорила Надя, нервно позевывая и поеживаясь тоненькими плечиками.

И долго шли, останавливаясь, опять шли, путались среди костров, заслушивались чужих разговоров, сами разговаривали совсем с чужими людьми.

Сначала казалось, что идут к какой-то цели, — все ближе к ней, и все было определенно и связно, хотя и тонуло в сладкой жуткости многолюдства.

Потом вдруг все стало отрывочным, потеряло связность, и какие-то клочки ненужных и странных впечатлений зароились вокруг...

VII

Все стало отрывочно и несвязно, и казалось, что предметы, нелепые и ненужные, возникали из ничего. Из глупой и враждебной тьмы возникало неожиданно нелепое.

Посреди поля была когда-то для чего-то вырыта канава. Оставалась она и теперь, ненужная, безопасная, поросшая черной в темноте, колючей травой, — и казалась почему-то страшной и странно-значительной.

Дети подошли к ее краю. Два телеграфиста сидели, свесив ноги в канаву, и разговаривали. Вспоминали знакомых барышень и почему-то произносили, с большим удовольствием, непечатные слова.

Удоевы пошли по краю канавы. Увидели мост через нее, дощатый, с корявыми перилами. Пошли по мосту. Перила казались непрочными, неверными.

Леша сказал опасливо:

— Сюда столкнут, ноги поломаешь.

— А мы подальше уйдем, — сказала Надя.

В темноте голос ее звучал неуверенно и робко. Странно было, что нельзя видеть, как движутся говорящие губы.

И опять шли дальше, среди гулкого множества, переходя из озаренных кострами кругов в кромешную тьму, — и опять поле казалось бесконечным.

— Ну и куда ты идешь? — говорил убеждающим голосом один пьяненький оборвыш другому. — Задавят тебя, как клопа постельного.

— Пусть давят, — отвечал его товарищ, — жизни мне разве жалко? Задавят, плакать обо мне будет некому.

Увидели колодец. Он был прикрыт полусгнившими досками. Слабо удивились почему-то.

Пьяненький мужичок, мотая взъерошенной длинной головой, заглядывал в колодец и тянул:

— И-их.

Отбегал от колодца, вскрикивал:

— Маланья!

И опять возвращался к ветхому срубу мелкими падающими шагами пьяного человека.

Поглядели. Посмеялись. Прошли. Долго еще слышали его пьяные вскрики.

— Я нож припас, — хриплым голосом сказал длинный и тощий оборванец.

Его товарищ, такой же оборванный и почти такой же длинный, ответил сладким тенорком:

— И я.

— На всяк случай, — опять послышался хриплый голос первого.

И слышно было, как хихикает другой.

В зыбкой темноте, в нервно-трепетном озарении костров, вдыхая сладковатый дым сырого дерева, шли дети куда-то, Леша вперед, за ним обе сестры.

Притворялись, что не страшно. Опять поле казалось бесконечным, опять путали костры, а по усталости в ногах думали, что идут уже давно.

— Колесим вокруг да около, — сказал Леша. И этими словами сказалась общая мысль. Кате стало грустно, а Надя притворно весело сказала:

— Ничего, дойдем, куда надо.

Вдруг Леша упал. Ноги мелькнули вверх, головы не видно. Сестры бросились к нему. Помогли выбраться, — оказалось, что он попал руками и головой в какую-то неожиданную яму.

— Надо подальше от этого места, здесь опасно, — сказала Надя. Но и потом не раз спотыкались на неровностях почвы.

VIII

— И баре туда же, — послышался возле Удоевых гнусный тенорок.

Не видно было, кто говорит и кто смеется, сочувствуя злым словам.

И поняли дети, что здесь вся толпа насквозь была враждебная, чужая, — непонятная и непонимающая. И там, где горели костры, были видны липа, которые сердито хмурились, глядя на гимназиста и его сестер.

Эти враждебные взоры смущали детей. Непонятно было, за что вражда? Откуда она выросла?

Какие-то чужие люди хмуро, неприветливо смотрели на проходящих мимо детей.

Порой слышались циничные шутки. И так как это было среди громадной толпы и никто не думал заступиться, то детям становилось страшно.

Пьяный мастеровой встал от костра, подошел к детям.

— Мамзель! — воскликнул он. — Со свиданием имею честь поздравить. Очень приятно. И всякое можем удовольствие доставить вам. Желаем поцеловаться.

Он покачнулся. Снял картуз. Облапил Катю. Поцеловал прямо в губы. Грохочущий хохот раздался в толпе. Катя заплакала.

Леша крикнул что-то, бросился на пьяного и оттолкнул его.

Пьяный свирепо заворчал:

— По какому праву? Толкаться? А ежели я желаю поцеловать? Какое в этом есть неудовольствие? Сестры схватили Лешу за руки. Быстро увлекли в темноту. Были очень испуганы. Обида жгла томительно.

Захотелось уйти из этого темного и нечистого места. Но не могли найти дорогу. Опять огни костров путали, ослепляли глаза, являли мрак чернее мрака и делали все непонятным и разорванным.

Скоро костры стали гаснуть. И стало равно темно в воздухе, — и черная ночь приникла к гулкому полю, и отяжелела над его шумами и голосами. Оттого что не спали и были в толпе, казалось, что эта ночь — значительная, единственная и последняя.

IX

Еще не долго побыли, и уже стало противно, тошно, страшно. В темноте творилась для чего-то ненужная, неуместная и потому поганая жизнь. Бес покровные люди, далекие от своих уютов, опьянялись диким воздухом кромешной ночи.

Они принесли с собой скверную водку и тяжелое пиво, и пили всю ночь, и горланили хрипло-пьяными голосами. Ели вонючие снеди. Пели непристойные песни. Плясали бесстыдно. Хохотали. То там, то здесь слышалась нелепая мышиная возня. Гармоника гнусно визжала.

Пахло везде скверно, и все было противно, темно и страшно. И ухе повсюду голоса раздавались хмельные и хриплые. Кое-где обнимались мужчины с женщинами. Под одним кустом торчали две пары ног, и слышался из-под куста прерывистый, противный визг удовлетворяемой страсти.

117

Кое-где, на немногих свободных местах собирались кружки. Внутри что-то делалось.

Какие-то противные, грязные мальчишки откалывали "казачка". В другом кружке пьяная безносая баба неистово плясала и бесстыдно махала юбкой, грязной и рваной. Потом запела отвратительным, гнусным голосом. Слова ее песни были так же бесстыдны, как и ее страшное лицо, как и ее ужасная пляска.

— Зачем у тебя нож? — строго спрашивал кого-то городовой.

— Человек я рабочий, — слышался наглый голос, — инструмент захватил по нечайности. Могу и пырнуть.

Хохот раздался.

И вот, в этой противной толпе, брошенные в гнусный разгул не в пору разбуженной жизни, шли дети и терялись в многолюдстве. Поле оказалось бесконечным, потому что они кружили на небольшом пространстве.

Проходить становилось все труднее, — все теснее делалось вокруг.

Казалось, что встают и встают окрест неведомо откуда взявшиеся люди.

И вдруг вокруг Удоевых сдвинулась толпа. Стало тесно. И сразу показалось, что по земле стелется и ползет к лицу тяжкая духота.

А с темного неба темная и странная струилась прохлада. Хотелось глядеть вверх, на бездонное небо, на прохладные звезды.

Леша привалился к Надиному плечу. Мгновенный сон охватил его...

...Летит в синем небе, легкий, как вольная птица...

Толкнул кто-то. Леша проснулся. Сонным голосом сказал:

— А я чуть не заснул. Что-то даже видел во сне.

— Уж ты не спи, — озабоченно сказала Надя, — еще растеряемся в толпе.

— А я бы заснула, — тихо и жалобно сказала Катя.

— Право, как бы не растеряться, — говорила Надя. Старалась подбодриться. Заговорила живо:

— Лешу поставим в середине.

— Ну да, — сказал Леша вяло.

Он был бледен и странно скучен.

Но сестры поставили его между собой. Развлекались тем, что оберегали его от толчков. Пока толпа не нарушила их порядка, смятенно толкая их во все стороны.

— Мы пришли, теперь бы и раздавать, — послышался странно веселый и равнодушный голос. И кто-то отвечал:

— Погоди, — уже утром господа припожалуют, которые к раздаче приставлены.

X

Было тесно и душно, хотелось выбраться из толпы, на простор, вздохнуть всей грудью.

Но не могли выбраться. Запутались в толпе, темной и безликой, — как челнок запутался в тростнике.

Уже нельзя было выбирать дорогу, повернуть по воле туда или сюда. Приходилось влечься вместе с толпой, — и тяжки, и медленны были движения толпы.

Удоевы медленно двигались куда-то. Думали, что идут вперед, потому что все шли туда же. Но потом вдруг толпа тяжко и медленно пятилась. Или медленно влеклась в сторону. И тогда уже совсем непонятно стало, куда надо идти, где цель и где выход.

Завидели близко, немного в стороне, темные стены. К ним почему-то захотелось выбраться. Что-то знакомое, домашнее почудилось в них.

Ничего не сказали друг другу, но стали протискиваться к этим темным стенам.

И скоро стояли около одного из народных театров.

Казалось, что около стены есть что-то знакомое, защитное, — уют какой-то, — и потому не так было страшно.

Темный верх стены подымался, закрывал половину неба, и от этого терялось жуткое впечатление стихийно-безбрежной толпы.

Дети стояли, прижавшись к стене. Робко смотрели на серые, тусклые облики людей, которые колыхались так близко. И жарко было от дыханий близкого множества.

А с неба холодная проникала порывами прохлада, и казалось, что душный земной воздух борется с небесной прохладой.

— Идти бы лучше домой, — жалобно сказала Катя. — Все равно не протолкаться.

— Ничего, подождем, — ответил Леша, стараясь казаться бодрым и веселым.

В это время тяжкое по толпе прошло движение, — точно протискивался кто-то к стене, прямо на детей. Их прижали к стене, — и совсем стало душно и тяжело дышать.

Потом толпа с усилием раздалась, и казалось, что стена дрожит и колеблется, — и из толпы словно вынырнули два очень бледные студента с ношей.

Несли девочку, и она казалась неживой. Бледные руки ее свешивались, как мертвые, и на лице с тесно сжатыми губами и с закрытыми глазами лежала тусклая синева.

В толпе послышался ропщущий говор:

— Слабенькая, а лезет.

— Чего родители смотрят, — пустили какую!

В смущенном переговаривании толпы слышалось желание оправдать что-то недолжное, — и казалось, что эти люди на миг поняли, что не надо им быть здесь и теснить друг друга.

XI

Опять грубо и тяжко задвигалась толпа. Тяжелые толчки мучительно отдавались в теле. Грубые сапоги наступали на легко обутые детские ноги.

Не устоять было у стены. Оттолкали, оттерли. Сдавили тесным кольцом. Опять стало страшно в душном многолюдстве.

Головы детей с усилием подымались вверх, и уста их жадно ловили перемежающиеся струи небесной прохлады, меж тем как груди их задыхались в глухой и непонятной давке.

Не то двигались куда-то, не то стояли. И уже стало непонятно, много ли прошло времени.

Мучительная жажда простора томила детей.

И жажда.

Она медленно, уже давно, подкрадывалась. Вдруг сказалась жалкими словами.

— Пить хочется, — сказал Леша.

И говоря это, он почувствовал, что уже губы его давно сухи и во рту неловко и томительно от сухости.

— Да и мне тоже, — сказала Катя, с усилием двигая запекшимися и побледневшими губами.

Надя молчала. Но по ее побледневшему и вдруг осунувшемуся лицу и по ее сухо горящим глазам было видно, что и ее мучит жажда.

Пить. Хоть глоточек бы воды. Вода, святая, милая, прохладная, свежая.

Но негде было взять воды.

И прохлада с далекого неба становилась все мгновенное, зыбкая, неверная, — пахнет в жадно раскрытые рты и сгорает.

Надя икнула. Легонько дрогнула. Опять икнула, и опять, и опять.

Не удержаться. Такая мучительная в тесноте и духоте икота!

Леша испуганно посмотрел на Надю. Какая она бледная!

— Господи, — сказала Надя, икая. — Какая мука! Охота была идти.

Катя заплакала тихонько. Быстрые мелкие слезинки бегут одна за другой, — и не унять слез, и не отереть, — рук не поднять, так сдавили.

— Что вы толкаетесь! — пищал где-то близко тоненький голосок. — Вы меня давите.

Хриплый, пьяный бас отвечал злобно:

— Что? Я тебя давлю? А тебе такая церемония не нравится? Ну, ты меня дави. Тут все равны, черт тебя дери.

— Ай, ай, давят, — завизжал опять тот же тоненький голосок.

— Не визжи, сопляк, — хрипел свирепый бас. — Ухе придешь домой, аль приволокут. А и быть тебе, щенок, без кишок.

Через короткое мгновение тонкий и резкий пронесся визг, без слов, жалобный и жалкий. И в ответ ему свирепый скрип:

— Не визжи.

Потом задавленный тонкий вопль.

Кто-то вскрикнул:

— Младенца задавили! Косточки хрустят. Царица небесная!

— Косточки, косточки хрустнули! — завизжала баба.

Голос ее слышался близко, но ее за толпой не было видно.

И потом показалось, что она кричит где-то очень далеко. Оттолкали ее от этого места? Или она задохнулась?

Дети были так сдавлены толпой, что трудно было дышать. Переговаривались хриплым шепотом. Не повернуться. С трудом могут посмотреть друг на друга.

И страшно смотреть друг на друга, на милые лица, омраченные свинцовым в тусклом предрассветном сумраке страхом.

Надя продолжала икать, икнула и Катя.

Чувствовалось окрест, во всей этой, так страшно и так

121

нелепо сжатой толпе, одно желание мучительное, и потому еще не осознанное, и потому еще более мучительное: освободиться от этих страшных тисков.

Но не было выхода, — и бешенство закипало в безумной толпе, нелепо сдавленной по своей воле в этом широком поле, под этим широким небом.

Люди зверели и со звериной злобой смотрели на детей.

Слышались хриплые, страшные речи. Говорил кто-то близкий и равнодушный, — так странно спокойный, — что уже есть задавленные до смерти.

— Упокойничек-то стоит, так его и сжало, — слышался где-то близко жалобный шепот, — сам весь синий, страшный такой, а голова-то мотается.

— Слышишь, Надя? — спросила шепотом Катя. — Вон, говорят, мертвый стоит, задавленный.

— Врут, должно быть, — шепнула Надя, — просто в обмороке.

— А может быть, и правда? — сказал Леша. И страх слышался в его хриплом голосе.

— Не может быть, — спорила Надя, — мертвый упал бы.

— Да некуда, — отвечал Леша. Надя замолчала. Опять икота начала мучить ее. Седая косматая старуха, махая над головой руками, словно плывя, вылезла из толпы прямо на Удоевых. Вопя неистово, она протолкалась мимо них, и было так тесно и тяжело, что казалось, что она проходит насквозь, как гвоздь.

Ее неистовый вопль, ее мучительное появление в бледно-мутной предрассветной мгле были, как призрак тяжелого сна. И с этого времени уже все в сознании задыхающихся детей было истомой и бредом.

XII

Наконец, после ночи томительной и страшной, стало быстро светать.

Быстрая, радостная, детски веселая, запылала, засмеялась смехами розовых тучек заря. Золотые в мглистой дали вспыхнули блестки. И пока еще земля была темна и сурова, уже небо все подыхало радостью, всемирной радостью вечного торжества. И люди, — что же люди! Все еще только люди!..

Между темной, такой грешной, такой обремененной землей я озаренным вновь блаженным небом простерся густой пар от дыханий великого множества людей.

Ночная прохлада, свиваясь в золотые небесные сны, сгорала в легких тучах, в заревых лучах.

А толпа, так странно, так неожиданно озаренная сверху безмятежным заревым смехом, — эта громадная земная толпа насквозь пронизана была злобой и страхом.

Тяжко двигалась, стремясь вперед, — и вновь приходящие из города тупо я злобно теснили стоявших впереди вперед, к сараям с подарками.

Под вечным золотом зари тусклое олово бедных кружек влекло людей в смятение и тесноту.

В истоме и бреду тяжкие, медленные мысли теснились в сознании детей, в темное сознание задыхающихся, и каждая мысль была страхом и тоской. Жестокая надвигалась погибель. Своя погибель. Погибель милых. И чья больнее?

Словно просыпаясь порой, принимались кричать, и жаловаться, и просить.

Хриплые голоса их слабо взлетали, — раненой птицей с поломанным крылом, — и жалко падали и тонули в глухом гуле тупой толпы.

Тускло-суровые взоры угрюмых людей были им ответом.

Тоска теснила дыхание, нашептывала злые, безнадежные слова.

И уже не было надежды уйти. Люди были злы. И злы и слабы. Не могли спасти, не могли спастись.

Мольбы слышались повсюду, вопли, стоны — напрасные мольбы.

И кого можно было умолить здесь, в этой толпе?

Уже как будто не люди, — казалось задыхающимся детям, что свирепые демоны угрюмо смотрят и беззвучно хохочут из-за людских сползающих, истлевающих личин.

И дьявольский мучительно длился маскарад. И казалось, — не будет ему конца, — не будет конца кипению этого сатанинского котла.

XIII

Стремительно встало солнце, радостно возбужденный, злой Дракон. Пахнуло жарким дыханием Змия. Сжигая последние струи прохлады, возносился злой Дракон.

Толпа всколыхнулась.

Гул голосов пронесся над толпой.

Так отчетливо все стало кругом. Как будто, сдернутые невидимой рукой, упали ветхие личины.

Демонская злоба кипела окрест, в истоме и бреду. Свирепые сатанинские хари виднелись повсюду. Темные рты на тусклых лицах изрыгали грубые слова. Леша застонал. Рыжий черт, сверкая сухими глазами, зарычал на него:

— Попал сюда, так и терпи. Мы тебя не звали. Помнись, сволочь сахарная. Начисто кишки выдавим.

Ярый Змий ярил людей.

Казалось, что солнце поднялось стремительно, и уже вдруг стало высокое и беспощадное.

И стало так жарко и душно, и такая жажда томила всех.

Кто-то рыдал.

Кто-то молил жалобно:

— Хоть бы водиночку с неба!

Катя икала.

Иногда показывались чьи-то странно и страшно знакомые лица. Как все лица в этой озверелой толпе, и они застыли в своем ужасном преображении.

На них было еще страшнее смотреть, чем на незнакомых, потому что озверение знакомого лица чувствовалось еще больнее.

Леша почувствовал, что кто-то давит на его плечи. Так тяжко вдавливал в землю. В темную, жестокую землю.

Кто-то старался влезть.

Было несколько остро мучительных минут. Потом на краткий миг облегчение. Потом взлезший наверх наступил сапогом на Лешину голову. Леша услышал тихий Надин вскрик.

Кто-то темный и грузный пошел поверху в сторону, по плечам и головам, и странно колебался в воздухе.

Леша поднял голову вздохнуть воздухом высокого простора. Но было жарко в высоте.

Небо сияло ясное, торжественное, недостижимо высокое,

нежно усеянное перламутрами перистых облаков на западной половине.

Море торжественного света изливалось от только что поднявшегося солнца. И солнце, было новое, яркое, величественное и свирепо-равнодушное. Равнодушное навсегда. И все его великолепие сверкало над гулом томления и бреда.

Кто-то тяжело топтался на Лешиных ногах.

Катя икала тяжело и мучительно.

— Да перестань! — хрипло крикнул Леша.

Катя захохотала. Смех с икотой был странен и жалок. И уже над всей шириной поля носился тяжелый, непрерывный гул криков, стонов, визгов.

И тогда настали минуты взаимной бессмысленной злобы. Люди били друг друга, сколько позволяла теснота. Пинали друг друга ногами. Кусались. Хватали друг друга за горло, душили. Более слабых затискивали на землю и становились на них. Крики и стоны, мольбы, проклятия, все, что слышал Леша, он повторял безжизненным, задушенным голосом, и, как еще две куклы, за ним лепетали то же обе сестры.

XIV

Мольбы и стоны вдруг стали тихи и дремотны.

Настали краткие и странные полчаса затишья, томления, усталости без конца, тихого, жуткого бреда.

Гул бреда носился над толпой, тихий гул, такой придавленный, такой жуткий.

И уже бред был разлит во всем, и у всех трех сквозь дым бреда едва теплилось страшное сознание гибели.

Обе сестры тяжело икали.

— Ангелочек божий! — взвизгнул кто-то близко.

Утренняя дремота полу задавленных в толпе людей прерывалась изредка дикими воплями отчаяния.

И опять становилось тихо, и жуткий гул носился над толпой, не подымаясь в ликующие просторы, к неподвижному злому Змию высот.

Кто-то икал мучительно. Казалось, что это мучительно умирает кто-то.

Леша вслушался и понял, что это икает Надя.

Леша с усилием повернул к ней голову.

Надины посинелые губы открывались и закрывались странным, механическим движением. Глаза не глядели, и лицо приняло тусклый, мертвенный оттенок.

XV

Промчался томный срок затишья. И вдруг буря нелепых гулов и воплей завыла над смятенной толпой. Дикие восклицания бичевали воздух.

По искаженным злобой лицам видно было, что здесь уже не было людей. Дьяволы сорвали свои мгновенные маски и мучительно ликовали.

Несколько человек в толпе в эти минуты вдруг сошли с ума. Они выли, и ревели, и кричали что-то нелепое и ужасное.

Из-под ног людей часто вырывались предсмертные дикие вопли, — там, на земле, повергнутые, сбитые с ног уже не могли подняться.

И эти вопли потрясли души немногих, еще оставшихся людьми в страшной толпе человекообразных дьяволов.

Стояли рядом оборванный хулиган и его подруга, развратная и пьяная. Они смотрели друг на друга и говорили злобные слова. Хулиган странно двигал плечом.

Усилием бешеной злобы освободил руку. В руке сверкнул нож. В ярких лучах солнца таким острым смехом задрожала быстрая сталь.

Нож вонзился в тело блудницы. Завизжала:

— Проклятый!

Захлебнулась своим визгом. Умерла.

Хулиган завопил. Нагнулся к ней. Грыз ее красную, толстую щеку.

— Нас задавили совсем, мы сейчас умрем, — хриплым голосом сказала Катя.

Леша углом глаза глянул на нее, как-то бессмысленно засмеялся и сказал громко и отчетливо:

— Надю задавили. Она холодная.

И крупные по его лицу катились слезы, а бледные губы бессмысленно улыбались.

Катя молчала. Лицо ее стало синеть и глаза потухли.

Леша задыхался.

Его ноги ступили на что-то мягкое. Резкая вонь поднималась с земли. Что-то, тяжело хрипя, ворочалось внизу.

— Воняет! — говорил сзади Леши странно равнодушный голос. — Бабу свалили, живот ей выдавили.

Посинелое Катино лицо странно, безжизненно поникло. Леше стало вдруг холодно.

XVI

— Шесть часов, — сказал кто-то.

По голосу было слышно, что говорит дюжий, спокойный человек, которому не страшно в толпе.

— Четыре часа еще жить, — ответил ему робкий, задыхающийся шепот.

— Чего ждать? — злобно рявкнул кто-то гулким голосом.

— Помрем все начисто, — спокойно и тихо ответил женский глубокий голос.

Кто-то отчаянно завопил срывающимся полудетским криком:

— Братцы, да неужто нам еще столько времени давиться! Взбудораженный гул метнулся по полю, как шумная стая пугливых, чернокрылых птиц. Метнулся, завыл, колыхнул. И навстречу ему метнулась толпа.

— Пора, братцы! — орал чей-то визгливый голос. — Не зевай, черти лешие все себе заберут.

— Иди, иди! — гудело кругом.

Стремительно и тяжко двигалась уже вся толпа.

А на Лешу неподвижные смотрели склоненные лица сестер,

холодных и тяжелых на его плечах.

Разбившиеся волосы милых щекотали Лешины бледные щеки. Ноги не переступали. Толпа несла всех трех: и Лешу, и сестер.

— Раздают! — закричал кто-то.

Видно было, и, казалось, недалеко, как летели в воздухе какие-то пестрые узелки.

— На шарап! — угрюмо хрипел измученный, тощий мужик.

— Чего стали, идите! — неистово кричали задние передним.

— Наших не пускают, анафемы вперед лезут, а мы стой, годи! — свирепо орал кто-то.

И со всех сторон неслись бешеные крики:

— Братцы, вали напролом!

— Да что на него, лешего, смотреть, — за горло его хватай, да под ноги!

— Вали вперед, чего смотреть!

— Не дают, сами возьмем!

— О-ой, раздавили!

— Батюшки, кишки вон лезут!

— Подавись своими кишками, сволочь треклятая!

— Режь ее, стерву астраханскую!

— Давай, не задерживай! — ревел впереди свирепый голос.

XVII

Везде вокруг свирепые грозили, отчаянные лица.

Тяжелый поток. И все та же злоба...

Нож разрезал платье. И тело.

Завыла. Умерла.

Так страшно.

Безжизненно смотрят на него странно посинелые лица милых...

Кто-то хохочет. О чем?..

Близок конец. Вот уже стены сараев...

В поднятой высоко руке дюжего парня тускло светилась в золотом солнечном свете кружка. И рука была странно и ненатурально воздвигнута к небу, как живой шест.

Кто-то метнулся вверх головой. Выбил кружку, — так слабо держала ее посинелая от натуги рука.

Кружка падала медленно, грузно, описывая дугу. Скользнула по чьей-то спине.

Дюжий парень скверно выругался.

Он был красный, потный, и белки его глаз, вытаращенных от натуги, казались крупными.

Нагнулся за кружкой с большим усилием. Видно было, как двигаются его локти.

Вдруг он поник, глухо крикнул.

Кто-то повалился на его нагнутую спину. Повалился и зарычал. Барахтаясь, пополз вперед по спине упавшего. Еще кто-то сзади навалился на обоих животом. Все трое осели. Послышались глухие вопли. Верхний поднялся и казался очень высоким. Толпа слилась над поверженными, и по ее грузному оседанию можно было заметить, как приникли к земле двое задавленных.

Дюжий мужик с покрасневшим до багровой синевы лицом, двигая локтями и плечами, высвободил правую руку и протянул ее вперед. Его сдавили. Рука странно моталась на чужом плече, красная возле красного платка.

Баба в красном платке повернулась, вцепилась зубами в руку дюжего мужика. Непонятна была ее злость.

Свирепо вопя, мужик вырвал руку. Отчаянно заработал локтями. Казалось, что он растет.

Его выперли вверх. Упал на чьи-то головы, и злобные под ним загудели голоса. Встал коленями на чьи-то плечи. Опять упал.

Падая, вставая, опять падая, становясь на четвереньки, он пробирался вперед, и толпа была под ним сплошной, неровной мостовой, тяжко движущимся глетчером.

И уже многие выталкивались локтями вверх.

Видно было несколько человек, неловко бегущих по плечам и головам к крышам буфетов.

И уже многие взбирались на крыши.

XVIII

Две бабы сцепились. Молча, угрюмо. Одна залезла пальцами в рот другой и рвала ей рот. Видна была кровь. Послышался отчаянный визг.

Резались ножами, чтобы проложить дорогу, и убитых толкали под ноги. Иногда убийца падал на убитого, и оба никли под ногами множества свирепых дьяволов.

Многие упали в овраг. На них валились другие. В короткое время овраг был завален тяжко вопящими, мучительно умирающими людьми. И дьяволы топтали их ногами, обутыми в тяжелые сапоги.

Рыжий парень перед Лешей давно уже лез вверх, отчаянно работая локтями, напирая на плечи соседей. Он кричал что-то невнятное и хрипло хохотал.

Сначала непонятно было, чего он хочет и что с ним

делается. Вдруг он начал быстро подниматься и на короткое время закрыл перед Лешиными глазами все, что было впереди.

Нелепые крики его падали в тупую толпу сверху острыми, свистящими бичами, и странно было слушать нисходящий, казалось, с неба гнусный голос. И тогда слова его стали ясными.

И слова его были — кощунство, и хула, и скверная брань.

Потом он вдруг обрушился куда-то и ударил каблуком Лешу в лоб.

Но сейчас же начал подниматься. Стал на четвереньки. Вцепился в русую косу полу задавленной девушки. Встал на чьи-то плечи.

Он был красный, рыжий, хохотал, неровно шел вперед, по плечам и головам ступая без разбора тяжелыми сапогами.

Похожий на дьявола, медленно шел он над сжатой, тяжко ревущей толпой и скрывался вдали.

И опять казалось Леше, сквозь страшное томление, и тошноту, и багровый туман в глазах, что кто-то громадный, головой до неба, — и еще выше, — человек или дьявол или человек-дьявол, идет по головам умирающих в задыхающейся толпе людей и вержет на них страшные богохульства.

Толпа впереди продавливалась в узкие проходы между деревянными шалашами. Оттуда слышались вопли, визги, стоны. Мелькали шапки и клочки одежды, почему-то взлетавшие наверх.

Чья-то русая голова несколько раз стукнулась об острый угол балагана, поникла, пронеслась порывом вперед и вдруг исчезла.

Казалось, что между балаганами теснятся все более и более высокие люди. Странно было видеть головы наравне с крышей балагана. Шли по телам поверженных.

Из-за балаганов доносился торжествующий рев победителей. Мелькали какие-то пестрые лохмотья, — что-то перекидывалось по воздуху.

И вот Лешу и сестер втолкали в один из проходов между балаганами.

Здесь было нестерпимо тесно, — Леше казалось, что все его кости сломаны. И страшно отяготели на его плечах изломанные тела сестер.

Но кончился узкий проход.

За балаганом стало просторно, светло, радостно.

"Сейчас умру", — подумал Леша и счастливо засмеялся.

На мгновение Леша увидел чье-то красное, радостное лицо и человека, потрясавшего узелком над головой.

И упал.

Обе сестры свалились на него. Наполовину прикрыли его своими измятыми телами.

Леша еще слышал, как по нем бежали, дробно переступая по спине. Тяжко во всем теле отдавались свирепые удары дьявольских ног.

Чей-то каблук ступил на затылок.

Мгновенное было ощущение тошноты.

Смерть.

Маленький человек

I

Якову Алексеевичу Саранину немного недоставало до среднего роста; жена его, Аглая Никифоровна, из купчих, была высока и объемиста. Уже и теперь, на первом году после свадьбы, двадцатилетняя женщина была дородна так, что рядом с маленьким и тощим мужем казалась исполиншею.

"А если еще раздобреет?" — думал Яков Алексеевич. Думал, хотя женился по любви, — к ней и к приданому. Разница в росте супругов нередко вызывала насмешливые замечания знакомых. Эти легкомысленные шутки отравляли спокойствие Саранина и смешили Аглаю Никифоровну.

Однажды, после вечера у сослуживцев, где пришлось выслушать немало колкостей, Саранин вернулся домой совсем расстроенный.

Лежа в постели рядом с Аглаей, ворчал и придирался к жене. Аглая лениво и нехотя возражала сонным голосом:

— Что же мне делать? Я не виновата.

Она была очень покойного и мирного нрава.

Саранин ворчал:

— Не обжирайся мясом, не трескай так много мучного; целый день конфеты лопаешь.

— Не могу же я ничего не кушать, коли у меня хороший аппетит, — сказала Аглая. — Когда я была в барышнях, у меня еще лучше был аппетит.

— Воображаю! Что ж ты, по быку сразу съедала?

— Быка сразу съесть невозможно, — спокойно возразила Аглая.

Скоро заснула, а Саранин заснуть не мог в эту странную осеннюю ночь.

Долго ворочался с боку на бок.

Когда русскому человеку не спится, он раздумывает. И Саранин предался этому занятию, столь мало ему свойственному в другое время. Он же был чиновник, — много думать было не о чем и ни к чему.

"Должны же быть какие-нибудь средства, — размышлял Саранин. — Наука с каждым днем совершает удивительные открытия в Америке делают людям носы какой угодно формы,

132

наращивают на лицо новую кожу. Операции какие делают, — череп продырявливают, кишки, сердце режут и зашивают. Неужели же нет средства или мне вырасти, или Аглае телес посбавить? Какое-нибудь секретное бы средство? Да как его найти? Как? Да, вот если лежать, то не найдешь. Под лежачий камень и вода не бежит. А поискать... Секретное средство! Может быть, он, изобретатель, просто ходит по улицам да ищет покупателя. Ведь как же иначе? Не может же он публиковать в газетах. А по улицам — вразнос, из-под полы продать что угодно, — это очень возможно. Ходить, предлагать по секрету. Кому нужно секретное средство, тот не станет валяться в постели".

Так поразмыслив, Саранин стал проворно одеваться, мурлыча себе под нос: "В двенадцать часов по ночам..."

Не боялся разбудить жену. Знал, что Аглая спит крепко.

— По-купечески, — говорил вслух; "по-мужицки", — думал про себя.

Оделся и вышел на улицу. Спать совсем не хотелось. На душе было легко, и настроение было такое, как у привычного искателя приключений перед новым интересным событием.

Мирный чиновник, проживший тихо и бесцветно треть века, ощутил вдруг в себе душу предприимчивого и свободного охотника диких пустынь, — героя Купера или Майн Рида.

Но пройдя несколько шагов привычной дорогой — к департаменту, — остановился, призадумался. Куда же, однако, идти? Все было тихо и спокойно, так спокойно, что улица казалась коридором громадного здания, обычным, безопасным, замкнутым от всего внешнего и внезапного. У ворот дремали дворники. На перекрестке виднелся городовой. Фонари горели. Плиты тротуара и камни мостовой слабо мерцали сыростью недавно прошедшего дождя.

Саранин подумал и в тихом недоумении пошел прямо вперед, повернул направо...

II

На перекрестке двух улиц при свете фонарей он увидел идущего к нему человека, и сердце его сжалось радостным предчувствием.

То была странная, словно из средних веков, фигура.

Халат ярких цветов, с широким поясом. Высокая шапка, остроконечная, с черными узорами. Шафраном окрашенная борода, длинная и узкая. Белые, блестящие зубы. Черные, жгучие глаза. Ноги в туфлях.

"Армянин!" — подумал почему-то Саранин.

Армянин подошел к нему, сказал:

— Душа мой, чего ты ищешь по ночам? Шел бы спать или к красавицам. Хочешь, провожу?

— Нет, мне и моей красавицы слишком довольно, — сказал Саранин.

И доверчиво поведал армянину свое горе. Армянин оскалил зубы, заржал.

— Жена большая, муж маленький, — целовать, лестницу ставь. Вай, хорошо!

— Что уж тут хорошего!

— Иди за мной, помогу хорошему человеку.

Долго шли они по тихим коридорообразным улицам, армянин впереди, Саранин сзади.

От фонаря до фонаря странное превращение совершалось с армянином. В темноте он вырастал, и чем дальше отходил от фонаря, тем громаднее становился. Иногда казалось, что острый верх его шапки поднимался выше домов, в облачное небо. Потом, подходя к свету, он становился меньше, и у фонаря принимал прежние размеры, и казался простым и обыкновенным халатником-торгашом. И, странное дело, Саранина не удивляло это явление. Он был настроен так доверчиво, что и самые яркие чудеса арабских сказок показались бы ему привычными, как и скучные переживания серенькой обычности.

У ворот одного дома, самой обычной постройки, пятиэтажного и желтого, они остановились. Фонарь у ворот ясно вырисовывал свои тихие знаки. Саранин заметил:

— No 41.

Вошли во двор. На лестницу заднего флигеля. Лестница полутемная. Но на дверь, перед которой остановился армянин, падал свет тусклой лампочки, — и Саранин различил цифры:

— No 43.

Армянин сунул руку в карман, вытащил оттуда маленький колокольчик, такой, каким звонят, призывая прислугу, на дачах, и позвонил. Чисто, серебристо звякнул колокольчик.

Дверь тотчас же открылась. За дверью стоял босой мальчишка, красивый, смуглый, с очень яркими губами. Белые зубы блестели, потому что он улыбался, не то радостно, не то насмешливо. И казалось, что всегда улыбался. Зеленоватым блеском горели глаза смазливого мальчишки. Весь был гибкий, как кошка, и зыбкий, как призрак тихого кошмара. Смотрел на Саранина, улыбался. Саранину стало жутко.

Вошли. Мальчик закрыл дверь, изогнувшись гибко и ловко, и пошел перед ними по коридору, неся в руке фонарь. Открыл дверь, и опять зыбкое движение и смех.

Странная, темная, узкая комната, уставленная по стенам шкафами с какими-то пузырьками, баночками, бутылочками. Пахло странно, раздражающим и непонятным запахом.

Армянин зажег лампу, открыл шкаф, порылся там и достал пузырек с зеленоватой жидкостью.

— Хорошие капли, — сказал он, — одну каплю на стакан воды дашь, заснет тихонько и не проснется.

— Нет, мне это не надо, — досадливо сказал Саранин, — разве я за этим пришел!

— Душа моя, — убеждающим голосом сказал армянин, — другую жену возьмешь, себе по росту, — самое простое дело.

— Не надо! — закричал Саранин.

— Ну, не кричи, — остановил армянин. — Зачем сердишься, душа моя, себя даром расстраиваешь. Не надо, и не бери. Я тебе других дам. Но те дорогие, вай-вай, дорогие.

Армянин, присев на корточки, отчего его длинная фигура казалась смешной, достал четырехугольную бутылку. В ней блестела прозрачная жидкость. Армянин сказал тихо, с таинственным видом:

— Каплю выпьешь — фунт убудет; сорок капель выпьешь — пуд веса убудет. Капля — фунт. Капля — руб. Считай капли, давай рубли.

Саранин зажегся радостью.

"Сколько же надо? — подумал Саранин. — В ней пудов пять наверняка будет. Сбавить три пуда, останется малюсенькая женка. Это будет хорошо".

— Давай сто двадцать капель. Армянин покачал головой:

— Много хочешь, худо будет. Саранин вспыхнул:

— Ну, это уж мое дело.

Армянин посмотрел не него пытливо.

— Считай деньги.

Саранин вынул бумажник.

"Весь сегодняшний выигрыш, да своих прибавить надо", — подумал он.

Армянин тем временем достал граненый флакончик и стал капать.

Внезапное сомнение зажглось в душе Саранина.

Сто двадцать рублей — деньги немалые. А вдруг обманет?

135

— А верно ли они действуют? — спросил Саранин нерешительно.

— Товар лицом продаем, — сказал хозяин. — Сейчас покажу действие. Гаспар, — крикнул он.

Вошел тот же босой мальчик. На нем была красная куртка и короткие синие панталоны. Смуглые ноги были открыты выше колен. Они были стройные, красивые и двигались ловко и быстро.

Армянин махнул рукой. Гаспар проворно сбросил одежду. Подошел к столу.

Свечи тускло озаряли его желтое тело, стройное, сильное, красивое. Послушную, порочную улыбку. Черные глаза и синеву под ними.

Армянин говорил:

— Чистые капли пить, — сразу действовать будет. Размешать в воде или вине, — медленно, на глазах не заметишь. Плохо смешаешь, — скачками пойдет, некрасиво.

Взял узкий стакан, с делениями, налил жидкости, дал Гаспару. Гаспар с ужимкой избалованного ребенка, которому дали сладкое, выпил жидкость до дна, запрокинул голову назад, вылизал последние сладкие капли длинным и острым языком, похожим на змеиное жало, — и тотчас же, на глазах у Саранина, начал уменьшаться. Стоял прямо, смотрел на Саранина, смеялся и изменялся, как купленная на вербе кукла, которая спадается, когда из нее выпускают воздух.

Армянин взял его за локоть и поставил на стол. Мальчик был величиной со свечку. Плясал и кривлялся.

— Как же он теперь будет? — спросил Саранин.

— Душа моя, мы его вырастим, — ответил армянин.

Открыл шкаф и с верхней полки достал другой сосуд столь же странной формы. Жидкость в нем была зеленая. В маленький бокал, величиной с наперсток, налил армянин немного жидкости. Отдал ее Гаспару.

Опять Гаспар выпил, как первый раз.

С неуклонной медленностью, подобно тому, как прибывает вода в ванне, голый мальчик становился больше и больше. Наконец вернулся к прежним размерам.

Армянин сказал:

— Пей с вином, с водой, с молоком, с чем хочешь пей, только с русским квасом не пей, — сильно линять станешь.

Прошло несколько дней.

Саранин сиял радостью. Загадочно улыбался.

Ждал случая.

Дождался.

Аглая жаловалась на головную боль.

— У меня есть средство, — сказал Саранин, — отлично помогает.

— Никакие средства не помогут, — с кислой гримасой сказала Аглая.

— Нет, это поможет. Это я от одного армянина достал.

Сказал так уверенно, что Аглая поверила в действительность средства от армянина.

— Ну? Уж ладно, дай. Принес флакончик.

— Гадость? — спросила Аглая.

— Прелестная штука на вкус и помогает отлично. Только немного прослабит.

Аглая сделала гримасу.

— Пей, пей.

— А в мадере можно?

— Можно.

— И ты выпей со мной мадеры, — капризно сказала Аглая. Саранин налил два стакана мадеры и в женин стакан вылил снадобье.

— Мне что-то холодно, — тихонько и лениво сказала Аглая, — хоть бы платок.

Саранин побежал за платком. Когда он вернулся, стаканы стояли как прежде. Аглая сидела и улыбалась.

Закутал ее в платок.

— Мне как будто лучше, — сказала она, — пить ли?

— Пей, пей! — закричал Саранин. — За твое здоровье. Он схватил свой стакан. Выпили. Она хохотала.

— Что? — спросил Саранин.

— Я переменила стаканы. Тебя прослабит, а не меня. Вздрогнул. Побледнел.

— Что ты наделала? — воскликнул он в отчаянии. Аглая хохотала. Смех ее казался Саранину гнусным и жестоким. Вдруг он вспомнил, что у армянина есть восстановитель. Побежал к армянину.

"Дорого сдерет! — опасливо думал он. — Да что деньги! Пусть все берет, лишь бы спастись от ужасного действия этого снадобья".

IV

Но злой рок обрушился, очевидно, на Саранина. На дверях квартиры, где жил армянин, висел замок. Саранин в отчаянии хватался за звонок. Дикая надежда воодушевила его.

Звонил отчаянно.

За дверью громко, отчетливо, ясно звенел колокольчик, — с той неумолимой ясностью, как звонят колокольчики только в пустых квартирах.

Саранин побежал к дворнику. Был бледен. Мелкие капельки пота, совсем мелкие, как роса на холодном камне, выступали на его лице и особенно на носу.

Стремительно вбежал в дворницкую, крикнул:

— Где Халатьянц?

Апатичный чернобородый мужик, старший дворник, пил чай с блюдечка. Покосился на Саранина. Спросил невозмутимо:

— А вам что от него требуется?

Саранин тупо глядел на дворника и не знал, что сказать.

— Ежели у вас какие с ним дела, — говорил дворник, подозрительно глядя на Саранина, — то вы, господин, лучше уходите, потому как он армянин, так как бы от полиции не влетело.

— Да где же проклятый армянин? — закричал с отчаянием Саранин. — Из 43 номера.

— Нет армянина, — отвечал дворник. — Был, это точно, это скрывать не стану, а только что теперь нет.

— Да где же он?

— Уехал.

— Куда? — крикнул Саранин.

— Кто его знает, — равнодушно ответил дворник. — Выправил заграничный паспорт и уехал за границу. Саранин побледнел.

— Пойми, — сказал он дрожащим голосом, — он мне до зарезу нужен.

Заплакал. Дворник участливо посмотрел на него. Сказал:

— Да вы, барин, не убивайтесь. Уж коли у вас такая нужда есть до проклятого армянина, то вы поезжайте сами за границу, сходите там в адресный стол и найдете по адресу.

Саранин не сообразил нелепости того, что говорил дворник. Обрадовался.

Сейчас же побежал домой, влетел ураганом в домовую

конторку и потребовал от старшего дворника, чтобы тот немедленно выправил ему заграничный паспорт. Но вдруг вспомнил:

— Да куда же ехать?

V

Проклятое снадобье делало свое злое дело с роковой медленностью, но неуклонно. Саранин с каждым днем становился меньше и меньше. Платье сидело мешком.

Знакомые удивлялись. Говорили:

— Что вы поменьше как будто? Каблуки перестали носить?

— Да и похудели.

— Много занимаетесь.

— Охота себя изводить.

Наконец, при встречах с ним стали ахать:

— Да что это с вами?

За глаза знакомые начали насмехаться над Сараниным.

— Вниз растет.

— Стремится к минимуму.

Жена заметила несколько позже. Все на глазах, постепенно мельчал, — было ни к чему. Заметила по мешковатому виду одежды.

Сначала хохотала над странным уменьшением роста своего мужа. Потом стала сердиться.

— Это даже странно и неприлично, — говорила она, — неужели я вышла б замуж за такого лилипута!

Скоро пришлось перешивать всю одежду, — все старое валилось с Саранина, — брюки доходили до ушей, а цилиндр падал на плечи.

Старший дворник как-то зашел на кухню.

— Что же это у вас? — строго спросил он кухарку.

— Нешто это мое дело! — запальчиво закричала было толстая и красивая Матрена, но тотчас спохватилась и сказала:

— У нас, кажется, ничего такого нет. Все как обыкновенно.

— А вот барин у вас поступки начал обнаруживать, так это разве

можно? По-настоящему, его бы надо в участок представить, очень строго говорил дворник.

Цепочка на его брюхе качалась сердито. Матрена внезапно села на сундук и заплакала.

— Уж и не говорите, Сидор Павлович, — заговорила она, просто мы с барином диву дались, что это с ним, — ума не приложим.

— По какой причине? И на каком основании? — сердито восклицал дворник. — Так разве можно?

— Только-то и утешно, — всхлипывая, говорила кухарка, корму меньше берет. Дальше — меньше.

И прислуга, и портные, и все, с кем приходилось сталкиваться Саранину, начали относиться к нему с нескрываемым презрением. Бежит, бывало, на службу, маленький, еле тащит обеими руками громадный портфелище, — и слышит за собой злорадный смех швейцара, дворника, извозчика, мальчишек.

— Баринок, — говорил старший дворник. Много испытал Саранин горького. Потерял обручальное кольцо. Жена сделала ему сцену. Написала родителям в Москву. "Проклятый армянин!" — думал Саранин. Вспоминалось часто: армянин, отсчитывая капли, перелил.

— Ух! — крикнул Саранин.

— Ничего, душа моя, это моя ошибка, я за это ничего не возьму.

Сходил Саранин и к врачу. Тот осмотрел его с игривыми замечаниями. Нашел, что все в порядке.

Придет, бывало, Саранин к кому-нибудь, — швейцар не сразу впустит.

— Вы кто же такой будете? Саранин скажет.

— Не знаю, — говорит швейцар, — наши господа таких не принимают.

VI

На службе, в департаменте, сначала косились, смеялись. Особенно молодежь. Традиции сослуживцев Акакия Акакиевича Башмачкина живучи.

Потом стали ворчать. Выговаривать.

Швейцар уже стал снимать с него пальто с видимой неохотой.

— Тоже чиновник пошел, — ворчал он, — мелюзга. Что с такого получишь в праздник?

И для поддержания престижа Саранину приходилось давать на чай чаще и больше прежнего. Но это мало помогало. Швейцары брали деньги, но на Саранина смотрели подозрительно.

Саранин проговорился кое-кому из товарищей, что это армянин нагадил. Слух об армянской интриге быстро разошелся по департаменту. Дошел и до иных департаментов...

Директор департамента однажды встретил в коридоре маленького чиновника. Осмотрел удивленно. Ничего не сказал. Ушел к себе. Тогда сочли необходимым доложить. Директор спросил:

— Давно ли это?

Вице-директор замялся.

— Жаль, что вы не заметили своевременно, — кисло сказал директор, не дожидаясь ответа. — Странно, что я этого не знал. Очень жалею.

Потребовал Саранина.

Когда Саранин шел в кабинет директора, все чиновники смотрели на него с суровым осуждением.

С трепетным сердцем пошел Саранин в кабинет начальника. Слабая надежда еще не покидала его, надежда, что его превосходительство намерен дать ему весьма лестное поручение, пользуясь малостью его роста: командировать на всемирную выставку или по какому-нибудь секретному поручению. Но при первых же звуках кислого директорски-департаментского голоса эта надежда рассеялась, как дым.

— Сядьте здесь, — сказал его превосходительство, показывая на стул.

Саранин взобрался кое-как. Директор сердито посмотрел на болтнувшиеся в воздухе ноги чиновника. Спросил:

— Господин Саранин, известны ли вам законы о службе гражданской по назначению от правительства?

— Ваше превосходительство, — залепетал Саранин и молебно сложил ручонки на груди.

— Как осмелились вы столь дерзко идти против видов правительства?

— Поверьте, ваше превосходительство...

— Зачем вы это сделали? — спросил директор. И уже не мог ничего сказать Саранин. Заплакал. Очень стал

слезлив за последнее время.

Директор посмотрел на него. Покачал головой. Заговорил очень строго:

— Господин Саранин, я пригласил вас, чтобы объявить вам, что ваше необъяснимое поведение становится совершенно нетерпимым.

— Но, ваше превосходительство, я, кажется, все исправно, — лепетал Саранин, — что же касается роста...

— Да, вот именно.

— Но это несчастье не от меня зависит.

— Не могу судить, насколько это странное и неприличное происшествие является для вас несчастьем и насколько оно от вас не зависит, но должен вам сказать, что для вверенного мне департамента ваше удивительное умаление становится положительно скандальным: уже ходят в городе соблазнительные слухи. Не могу судить об их справедливости, но знаю, что эти слухи объясняют ваше поведение в связи с агитацией армянского сепаратизма. Согласитесь, департамент не может быть местом развития армянской интриги, направленной к умалению русской государственности. Мы не можем держать чиновников, которые ведут себя так странно.

Саранин соскочил со стула, дрожал, пищал:

— Игра природы, ваше превосходительство.

— Странно, но служба...

И опять повторил тот же вопрос:

— Зачем вы это сделали?

— Ваше превосходительство, я сам не знаю, как это произошло.

— Что за инстинкты! Пользуясь малостью вашего роста, вы можете легко укрыться под всякой дамской, с позволения сказать, юбкой. Это не может быть терпимо.

— Я никогда этого не делал, — завопил Саранин. Но директор не слушал. Продолжал:

— Я даже слышал, что вы это делаете из сочувствия к японцам. Но надо же знать во всем границы!

— Как же я могу это делать, ваше превосходительство?

— Не знаю-с. Но прошу прекратить. Оставить вас на службе можно, но только в провинции, и чтобы это было немедленно же прекращено, чтобы вы вернулись к вашим обычным размерам. Для поправления вашего здоровья вам дается четырехмесячный отпуск. В департамент прошу вас более не являться. Необходимые для вас бумаги будут вам присланы на дом. Мое почтение.

— Ваше превосходительство, я могу заниматься. Зачем же отпуск?

— Возьмете по болезни.

— Но я здоров, ваше превосходительство.

— Нет уж, пожалуйста.

Саранину дали отпуск на четыре месяца.

VII

Скоро Аглаины родители приехали. Было это после обеда. Аглая за обедом долго издевалась над мужем. Ушла к себе.

Он робко прошел в свой кабинет, — такой теперь для него огромный, — вскарабкался на диван, приник к уголку, заплакал. Тягостное недоумение томило его.

Почему именно на него обрушилось такое несчастье? Ужасное, неслыханное.

Какое легкомыслие!

Он всхлипывал и шептал отчаянно:

— Зачем, зачем я это сделал?

Вдруг услышал в передней знакомые голоса. Задрожал от страха. На цыпочках прокрался к умывальнику, — не заметили бы заплаканных глаз. И умыться-то было трудно, — пришлось подставлять стул,

Уже гости входили в залу. Саранин встретил их. Раскланивался и пищал что-то неразборчивое. Аглаин отец тупо смотрел на него вытаращенными глазами. Большой, толстый, с бычьей шеей и красным лицом. Аглая в него.

Постояв перед зятем, широко расставив ноги, он осмотрелся осторожно, бережно взял руку Саранина, принагнулся и сказал, понижая голос:

— Мы к вам, зятек, приехали повидаться.

Видно было, что он намерен вести себя политично. Нащупывал почву.

Из-за его спины выдвинулась Аглаина мать, особа тощая и злобная. Она закричала визгливо.

— Где он? Где? Покажи мне его, Аглая, покажи мне этого Пигмалиона.

Она смотрела поверх Саранина. Нарочно не замечала. Цветы на ее шляпе странно колыхались. Она шла прямо на Саранина. Он пискнул и отскочил в сторону.

Аглая заплакала и сказала:

— Вот он, маменька.

— Я здесь, маменька, — пискнул Саранин и шаркнул ногой.

143

— Злодей, да что ты с собой сделал? Зачем ты так окорнался? Горничная фыркала.

— А ты, матушка, на господ не фыркай. Аглая покраснела.

— Маменька, пойдемте в гостиную.

— Нет, ты скажи, злодей, на какой конец ты этак малявишься?

— Ну, ты, мать, погоди, — остановил ее отец. Она и на мужа вскинулась:

— Ведь говорила я тебе, не выдавай за безбородого. Вот, по-моему и вышло.

Отец осторожно поглядывал на Саранина и все пытался перевести разговор на политику.

— Японцы, — говорил он, — приблизительно не высокого роста, а, по-видимому, мозговатый народ и даже, между прочим, оборотистый.

VIII

И стал Саранин маленький, маленький. Уже он свободно ходил под столом. И с каждым днем становился все мельче. Отпуском он еще не воспользовался вполне. Только что на службу не ходил. А ехать куда-нибудь еще не собрались.

Аглая то издевалась над ним, то плакала и говорила:

— Куда я тебя такого повезу? Стыд и срам.

Пройтись из кабинета в столовую — стало путем весьма солидных размеров. Да еще на стул взлезть...

Впрочем, усталость была сама по себе приятна. От нее аппетит являлся и надежда вырасти. Саранин набрасывался на пищу. Пожирал ее непропорционально своим миниатюрным размерам. Но не рос. Напротив — все мельчал и мельчал. Хуже всего, что уменьшение роста иногда происходило скачками, в самое неудобное время. Словно фокусы показывал.

Аглая подумывала было выдавать его за мальчика, определить в гимназию. Отправилась в ближайшую. Но разговор с директором обескуражил ее.

Потребовались документы. Оказалось, что план неосуществим.

С видом крайнего недоумения директор говорил Аглае:

— Мы не можем принять надворного советника. Как же мы с ним будем? Ему учитель велит в угол идти, а он скажет: я — кавалер святой Анны. Это очень неудобно.

Аглая сделала просящее лицо и принялась было упрашивать.

— Нельзя ли как-нибудь устроить? Он не посмеет дерзить, — уж я об этом позабочусь.

Директор остался непреклонен.

— Нет, — говорил он упрямо, — нельзя чиновника принять в гимназию. Нигде, ни одним циркуляром не предусмотрено. И входить к начальнику с таким представлением совершенно неудобно. Как еще там посмотреть. Могут выйти большие неприятности. Нет, никак нельзя. Обратитесь, если желаете, к попечителю. Но Аглая уже не решилась ехать к начальству.

IX

Однажды к Аглае пришел молодой человек, очень гладко, до блеску, причесанный. Расшаркался весьма галантно. Отрекомендовался:

— Представитель фирмы Стригаль и Ко. Первоклассный магазин в самом бойком центре столичного аристократического движения. Имеет массу заказчиков в самом лучшем и высшем обществе.

Аглая на всякий случай сделала глазки представителю знаменитой фирмы. Томным движением дебелой руки указала ему на стул. Села спиной к свету. Склонила голову набок. Приготовилась слушать.

Блистательно причесанный молодой человек продолжал:

— Мы узнали, что ваш супруг изволил предпочесть оригинально миниатюрный рост. Поэтому фирма, идя навстречу самоновейшим влияниям в области дамских и мужских мод, имеет честь предложить вам, сударыня, в видах рекламы, бесплатно шить господину костюмы по самому лучшему парижскому журналу.

— Даром? — лениво спросила Аглая.

— Не только даром, сударыня, но даже с приплатой в вашу собственно пользу, но с одним маленьким и легко выполнимым условием.

Меж тем Саранин, прослыша, что речь о нем, пробрался в гостиную. Расхаживал около молодого человека с блистательной прической. Покашливал, постукивал каблучками. Очень досадовал, что представитель фирмы Стригаль и Ко не обращает на него ни малейшего внимания.

145

Наконец он подбежал к молодому человеку. Громко пискнул:

— Разве вам не сказали, что я дома? Представитель знаменитой фирмы встал. Галантно шаркнул. Сел. Обратился к Аглае:

— Одно только маленькое условие.

Саранин презрительно фыркнул. Аглая засмеялась. Сказала, блистая любопытными глазами:

— Ну, говорите, какое условие.

— Условие наше в том, чтобы господин изволил сидеть за окном нашего магазина в качестве живой рекламы. Аглая злорадно захохотала.

— Отлично. Хоть бы с глаз его долой.

— Я не согласен, — пронзительным голосом запищал Саранин, — я не могу пойти на это. Я — надворный советник и кавалер. Сидеть в окне магазина для рекламы — это мне даже смешно.

— Замолчи, — крикнула Аглая, — тебя не спрашивают.

— Как не спрашивают? — завопил Саранин. — Долго ли я буду терпеть от инородцев!

— Ну, и господин ошибается! — любезно возразил молодой человек. — Наша фирма не имеет ничего общего с инородческими элементами. У нас служат все православные и лютеране из Риги. И у нас нет евреев.

— Я не хочу сидеть в окне! — кричал Саранин.

Топал ногами. Аглая схватила его за руку. Повлекла в спальню.

— Куда ты меня тащишь? — кричал Саранин. — Я не хочу, отпусти.

— Я тебя усмирю, — крикнула Аглая. Замкнула дверь.

— Изобью! — сказала' она сквозь зубы.

Принялась колотить. Бессильно барахтался в ее могучих руках.

— Ты, пигмей, в моей власти. Что захочу, то и сделаю. Я тебя в карман могу засунуть, — как же ты смеешь мне противиться! Я не посмотрю на твои чины, я тебя так взбучу, что тебе небо с овчинку покажется.

— Я буду жаловаться! — пищал Саранин. Но скоро понял бесполезность сопротивления. Был слишком мал, — и Аглая, очевидно, решила пустить в дело всю свою силу.

— Будет, будет, — завопил он, — иду в Стригальское окно. Буду гам сидеть, — тебе же срам. Надену все свои регалии. Аглая захохотала.

— Ты наденешь то, что тебе Стригаль даст, — крикнула она.

Выволокла мужа в гостиную. Бросила его приказчику. Крикнула:

— Берите! Сейчас же возьмите его! И деньги вперед! Каждый месяц!

Ее слова были истеричными вскриками. Молодой человек вытащил бумажник. Отсчитал двести рублей.

— Мало! — крикнула Аглая.

Молодой человек улыбнулся. Достал еще сторублевку.

— Больше-с не уполномочен, — любезно сказал он. — Через месяц изволите получить следующим взнос.

Саранин бегал по комнате.

— В окно! В окно! — выкрикивал он. — Проклятый армянин, что ты со мной сделал?

А сам вдруг еще вершка на два осел.

X

Бессильные слезы, тоска Саранина, — что до этого Стригалю и его компаньонам?

Они заплатили. Они осуществляют свое право. Жестокое право капитала.

Под властью капитала сам надворный советник и кавалер занимает положение, вполне соответствующее его точным размерам и нисколько не отвечающее его гордости. По последней моде одетый лилипут бегает в окне модного магазина, — то засмотрится на красавиц, таких колоссальных! — то злобно грозит кулачками смеющимся ребятам.

У окон Стригаля и К⁰ толпа.

В магазине Стригаля и К⁰ приказчики сбились с ног.

Мастерская Стригаля и К⁰ завалена заказами...

Стригаль и К⁰ в славе.

Стригаль и К⁰ расширяют мастерские.

Стригаль и К⁰ богаты.

Стригаль и К⁰ покупают дома.

Стригаль и К⁰ великодушны: они кормят Саранина по-царски, они не жалеют денег для его жены.

Аглая получает уже по тысяче в месяц.

У Аглаи завелись и еще доходы.

И знакомства.

И любовники.

И бриллианты.

И экипажи.

И дом.

Аглая весела и довольна. Она раздобрела еще больше. Носит башмаки на высоких каблуках. Выбирает шляпки гигантских размеров.

Посещая мужа, она ласкает его и кормит, как птицу, с пальца. Саранин во фраке с куцыми фалдочками дробными шагами бегает перед ней по столу и пищит что-то. Голос его пронзителен, как комариный писк. Но слова не слышны.

Маленькие людишки могут говорить, но их писк не слышен людям больших размеров, ни Аглае, ни Стригалю, ни всей компании. Аглая, окруженная приказчиками, слушает визг и писк человечка. Хохочет. Уходит.

Саранина несут на окно, где, в гнезде мягких материй, ему устроена целая квартира, обращенная к публике открытой стороной.

Уличные мальчишки видят, как человечишка садится к столу и принимается писать прошения. Крохотные прошеньица о восстановлении своих, нарушенных Аглаей, Стригалем и Ко, прав.

Пишет. Сует в конвертик. Мальчишки хохочут.

Меж тем Аглая садится в свой блистательный экипаж. Едет покататься перед обедом.

XI

Ни Аглая, ни Стригаль и Кⁿ не думали о том, чем все кончится. Они довольны были настоящим. Казалось, что и конца не будет золотому дождю, льющемуся на них. Но конец наступил. Самый обыкновенный. Какого и следовало ждать.

Саранин все меньшал. Каждый день ему шили по несколько новых костюмов, — все меньше.

И вдруг он, на глазах удивленных приказчиков, только что надев новые брючки, стал совсем крохотным. Вывалился из брючек. И уже стал, как булавочная головка.

Подул легкий сквознячок. Саранин, крохотный, как пылинка, поднялся в воздух. Закружился. Смешался с тучей пляшущих в солнечном луче пылинок.

Исчез.

Все поиски были напрасны. Не нашелся нигде Саранин.

Аглая, Стригаль и Кº, полиция, духовенство, начальство, — все были в большом недоумении.

Как оформить исчезновение Саранина?

Наконец, по сношению с Академией наук, решили считать его посланным в командировку с научной целью.

Потом о нем забыли.

Саранин кончился.

www.ingramcontent.com/pod-product-compliance
Lightning Source LLC
Chambersburg PA
CBHW010809250626
47156CB00010B/3049